사서
어떻게
되었을까
?

꿈을 이룬 사람들의 생생한 직업 이야기 49편

사서 어떻게 되었을까?

1판 2쇄 펴냄 2023년 12월 15일

펴낸곳	㈜캠퍼스멘토
책임 편집	이동준 · 북커북
진행 · 윤문	북커북
디자인	㈜엔투디
커머스	이동준 · 신숙진 · 김지수 · 김연정 · 강덕우 · 박지원 · 송나래
교육운영	문태준 · 이동훈 · 박홍수 · 조용근 · 정훈모 · 송정민
콘텐츠	오승훈 · 이경태 · 이사라 · 박민아 · 국희진 · 윤혜원 · ㈜모야컴퍼니
관리	김동욱 · 지재우 · 윤영재 · 임철규 · 최영혜 · 이석기
발행인	안광배

주소	서울시 서초구 강남대로 557 (잠원동, 성한빌딩) 9층 ㈜캠퍼스멘토
출판등록	제 2012-000207
구입문의	(02) 333-5966
팩스	(02) 3785-0901
홈페이지	http://www.campusmentor.org

ISBN 979-11-92382-20-3 (43020)

현직
사서들을
통해 알아보는
리얼 직업
이야기

사서
어떻게

How did they become
Librarians?

되었을까?

CampusMentor
캠퍼스멘토

"도움을 주신
사서들을
소개합니다"

김일영 공공도서관 사서주무관

- 현) 경상북도교육청소속 공공도서관
  지방사서주무관
- 경상북도립 성주, 고령, 구미, 울진 도서관
- 경상북도교육청 고령도서관, 칠곡도서관
- 대구대학교 문헌정보학과 출강
- 학부모연수회 특강
- 경상북도교육청 신규 사서 특강
- 문헌정보학 취업세미나 특강
- 정사서 1급
- 대구대학교 문헌정보학 학사, 석사, 박사수료

박은주 학교도서관 사서

- 현) 매원초등학교 도서실 근무
- ㈜에스엔씨정보센터 일본자료팀 근무
- 한국법제연구원 자료실 근무
- 미국 미네소타주립대학교 어학연수 외
- 이화여자대학교 도서관학과(문헌정보학과) 졸업
- 스토리텔링지도사 자격증
- 정사서2급 자격증

편혜리 학교도서관 사서교사

- 현) 언양초등학교 도서관 사서교사
- 교원임용고시 합격 후 경상남도교육청 소속
  사서교사로 14년 재직
- 경상남도교육감표창 행복학교 및 행복교육지구
  추진 활성화
- 경상대학교 교육대학원 국어교육과 수료
- 경상남도교육감표창 교실수업 개선
- 공주대학교 사범대학 문헌정보교육과 졸업

박세지 학교도서관 사서교사

- 현) 용인 보라중학교 도서관 사서교사
- 명지전문대학 문헌정보과 출강
- 국회도서관 인턴 근무
- 영원중학교, 안서초등학교, 영일중학교 도서관 사서 근무
- 경기대학교 교육대학원 사서교육 전공
- 홍익대학교 국어국문학과 졸업
- 북아트 및 독서활동 관련 다수 강의
- 학교도서관 유공표창 (경기도교육감)
- 1급 정사서 자격증

권혜진 학교도서관 사서

- 현) 경기도 고양시 고양화수초등학교 사서
- 고양시 삼송초등학교, 목암중학교 사서
- 서울 개운, 성재중학교 사서
- 이화여자대학교 일반대학원 여성학 전공
- 한성대학교 문헌정보학과 졸업

배현정 학교도서관 사서

- 현) 동대문중학교 사서
- 구립 이문어린이도서관, 면목중학교
- 범한서적 수입부
- 한성대학교 학술정보관 학술자료팀 조교
- 한성대학교 국어국문학 전공 / 문헌정보학 복수전공
- 학교도서관활성화 교육장 표창
- 중랑구 독서문화진흥위원회 축제준비위원회
- 2급 정사서 자격증

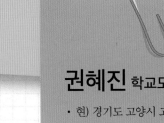

이 책의 구성

Chapter 2

사서의 생생 경험담

Chapter 3

예비 사서 아카데미

사서,

어떻게
되었을까
?

사서란?

—

사서란

도서관 운영에 필요한 전문적 지식과 자격을 갖춘 전문직을 일컫는다.

- 사서는 각 기관의 도서관과 자료실에서 도서 및 자료를 배치·보관하며 이용자가 자료를 편리하게 열람·대출할 수 있도록 지원한다.
- 이용자가 열람·대출하고자 하는 자료를 요청할 때 검색을 통하여 자료를 신속하게 찾을 수 있도록 도와주고 대출을 희망하면 절차에 따라 대출을 해 준다.
- 이용자가 자료를 반납하고자 할 때 자료와 대출자를 확인하고 파손 여부를 점검한 뒤 서가에 재배치한다.
- 자료의 내용, 주제에 따라 도서 자료를 분류하고, 규정된 분류체계에 따라 분류 연호와 표제를 결정하고 목록 카드를 작성한다.
- 최근 도서관은 서적, 신문, 잡지 등의 인쇄자료 외에도 레코드, CD, 마이크로필름이나 슬라이드 등도 소장하고 있으며 인터넷을 설치하여 이용자에게 쉽게 정보를 검색할 수 있도록 하고 있다.

출처: 커리어넷

사서의 직업전망

(연평균 증감률 %)

감소	다소 감소	유지	다소 증가	증가
-2% 미만	-2% 이상 -1% 이하	-1% 초과 +1% 미만	1% 이상 2% 이하	

향후 10년간 사서의 취업자 수는 현 상태를 유지할 것으로 전망된다. 「2019-2029 중장기 인력 수급 전망」(한국고용정보원, 2020)에 따르면, 사서 및 기록물 관리사는 2019년 약 25,000명에서 2029년 약 27,000명으로 향후 10년간 2,000명(연평균 0.8%) 정도 증가할 것으로 전망된다. 정보화 사회를 맞아 평생교육의 수요가 증가하고 공공도서관의 편의성이 크게 개선되면서 이용객들이 증가하고 있다. 이에 따라 향후 정부에서도 공공도서관을 확충하고, 사서직 전문인력의 충원과 도서관 협력시스템 구축 등 공공도서관 지원정책들을 추진하고 있어 사서의 수요는 지속될 전망이다. 특히 기존 도서관이 없던 지역 주민들이 공공도서관 건립을 요구하고 있고, 신도시 및 도시 재생개발 사업 등의 목적으로 도시계획이 이뤄지면서 공공도서관 신설이 확충되고 있다. 문화체육관광부의 『2019 전국문화기반시설총람』에 따르면, 2019년 국립도서관은 3개, 공공도서관은 1,096개로 국공립도서관은 2012년에 비해 313개(39.8%) 증가하여, 연도별로 꾸준히 증가하고 있다.

연도	총계	국립도서관	공공도서관	박물관	미술관	문예회관	지방문화원	문화의 집
2019	2,825	3	1,096	881	258	255	231	101
2018	2,749	1	1,042	873	251	251	231	100
2017	2,657	1	1,010	853	229	236	228	100
2016	2,595	1	978	826	219	229	228	114
2015	2,519	1	930	809	202	232	229	116
2014	2,375	1	865	754	190	220	229	116
2013	2,182	-	828	740	171	214	229	-
2012	2,072	-	786	694	154	209	229	-

다만, 공공도서관 수의 증가에도 불구하고 기본적으로 사서의 일자리는 한정되어 있고 인력을 추가로 늘리기보다는 1인당 소장자료나 관람 인원수를 높이는 경향이 있어서 사서 고용의 양적 확대에는 한계가 있을 것으로 보인다. 인원 총량제, 예산 제약 때문에 도서관 확충에 비례한 인력 증가가 어렵고, 도서관에서의 자료 검색·열람 등이 전산화되면서 최소인원을 고용하는 점은 사서의 일자리 증가에 부정적인 영향을 줄 수 있다. 사서가 전문직으로 인정받으면서 대학의 관련 학과에 진출하거나 사서 자격증을 취득하려는 사람들이 늘고 있다. 하지만 상대적으로 임금이 높고 신분이 안정적인 국공립도서관의 사서직 공무원을 선호하는 경향이 강하기 때문에 공공 분야는 취업 경쟁률은 더욱 치열해질 전망이다. 이제 도서관은 단순히 단순 정보를 제공하는 장소에서 벗어나 종합적인 '정보문화센터'로 변모하고 있다. 이에 따라 사서가 음악, 예술, 전시, 교육 등 문화 융합적인 역할을 하게 되면서 전통적인 업무 외에 서비스 정신 및 전문성이 더욱 강조되고 있다. 따라서 이용객의 수준 높은 서비스 욕구를 충족시키는 주제 전문 사서로서의 역량을 개발하는 등 직무 변화에 따른 경력개발이 요구된다.

전망요인	증가요인	감소요인
가치관과 라이프스타일 변화	· 평생교육 수요 증가	
과학기술 발전		· 도서관 시스템의 전산화
기업의 경영전략 변화		· 채용규모 제약
산업특성 및 산업구조 변화	· 공용도서관 이용객 증가	
법·제도 및 정부정책	· 공공도서관 확충 · 신도시 및 소외 지역 공공도서관 건립 요구 증가 등	· 인원 총량제 및 예산 제약

출처: 워크넷

사서가 되려면?

■ 정규 교육과정

- 사서가 되기 위해서는 전문대학 및 대학교에서 문헌정보학과나 도서관학과 등을 졸업하는 것이 유리하다.
- 문헌정보 관련 학과에서는 문헌 자료를 비롯한 각종 정보의 체계적 분류 및 목록작업, 정보검색, 정보시스템 구축, 정보처리, 정보네트워크 등에 대한 이론을 공부하며 자료전산화와 관련된 각종 컴퓨터 프로그램을 실습한다.

■ 직업 훈련

- 일부 대학교 사서교육원에서 1년 교육과정을 통해 사서가 되기 위한 교육을 받을 수 있다.

■ 관련 자격증

- 관련 국가자격증으로는 준사서, 정사서 (1, 2급) 등이 있다.
- 준사서자격의 경우 전문대의 문헌정보과를 졸업하면 준사서 자격증을 취득할 수 있다. 그 이후 도서관 근무경력 3년 이상이 되고 나서 사서교육원에서 소정의 교육과정을 이수하면 2급 정사서 자격증(6호)을 취득할 수 있다. 그리고 타 전공으로 4년제 대학을 졸업한 경우, 사서교육원(1년 과정)을 통해 준사서 자격증(준사서 2호)을 취득할 수 있다.

■ 사서교사

학교도서관진흥법 제2조(정의) 이 법에서 사용하는 용어의 정의는 다음과 같다.

① '학교'란 「초·중등교육법」 제2조 각호에 따른 학교를 말한다.

② '학교도서관'이란 학교에서 학생과 교원의 학습·교수활동을 지원함을 주된 목적으로 하는 도서관이나 도서실을 말한다.

③ "사서교사"란 「초·중등교육법」 제21조에 따른 사서교사 자격증을 지니고 학교도서관의 업무를 담당하는 사람을 말한다.

사서교사 자격은 사범대학 문헌정보교육과를 졸업하거나, 문헌정보학과나 교육대학원의 사서교육 전공에서 교직과정을 이수하는 등의 방법으로 얻을 수 있으며, 국공립학교 임용의 경우 중등 임용시험을 거쳐야 한다. 초등학교에서 근무하는 사서교사도 초등 임용이 아니라 중등 임용시험을 거쳐야 하는데, 교육청별로 초등학교와 중·고등학교에 근무할 인원을 애초부터 별도로 지원받아 뽑는 시·도가 있는가 하면 한 번에 뽑아놓고 임용시험 성적순이나 임용후보자의 지망에 따라 정해진 자리에 발령을 내는 시·도 교육청도 있다.

사서의 진출 분야

    사서는 주로 국공립도서관, 전문도서관, 대학도서관, 학교도서관 등으로 진출한다. 소규모 도서관은 학교 추천이나 인맥 등을 통한 채용이 많은 편이다. 국공립도서관이나 대학도서관은 일반적으로 공개 채용을 원칙으로 한다. 특히 국공립도서관에서 일하는 사서는 사서직 공무원에 해당하기 때문에 지방자치단체나 각 시도 교육청 등에서 주관하는 9급, 7급 등의 공무원 시험을 거쳐 채용된다.

    사립대학교 도서관, 기업체 자료실 등에서는 자체 규정에 따라 사서를 채용하는데 일반적으로 서류전형(필기시험), 면접을 거친다. 외국어, 한문, 전산 활용 능력을 요구하는 기관도 있으며, 고서 분야를 담당하기 위한 사서로 고고학, 고고 미술학 등의 전공자를 채용하기도 하는 등 전문 영역의 자료를 다루는 사람에 대해서는 관련 전공자를 우대하여 채용한다.

    문헌 정보의 관리를 필요로 하는 연구소, 자료실, 학술정보 관련 기관, 인터넷 정보검색업체, 인터넷 정보제공업체 등으로 진출할 수도 있다. 한편, 공립 초·중·고등학교에 사서교사로 취업하기 위해서는 시도 교육청에서 실시하는 교사임용시험에 합격해야 한다. 사서 경력을 살려 도서관 소프트웨어개발업체, 외국 학술지 검색대행업체 등으로 진출하는 사람도 있다.

출처: 직업사전

사서의 자질

─── **어떤 특성을 가진 사람들에게 적합할까?** ───

- 사서는 한문, 외국어, 컴퓨터 활용 능력이 필요하며 이용자와의 짧은 상담으로 원하는 자료를 신속하고 정확하게 제공할 수 있는 의사소통 능력이 필요하다.
- 쾌활하고 밝은 성격을 가진 사람에게 유리하며 서비스 정신이 필요하다.
- 관습형과 사회형의 흥미를 지닌 사람에게 적합하며, 남에 대한 배려, 스트레스 인내, 사회성 등의 성격을 가진 사람들에게 유리하다.

출처: 커리어넷

사서와 관련된 특성

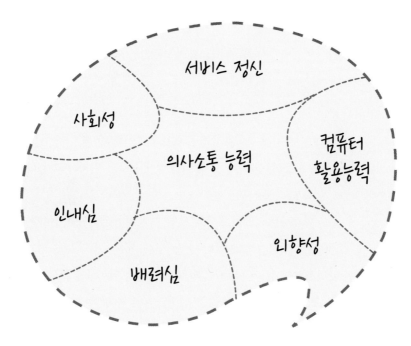

서비스 정신

사회성

의사소통 능력

컴퓨터
활용능력

인내심

외향성

배려심

Q "사서에게 필요한 자질은 어떤 것이 있을까요?"

톡(Talk)!
김일영

기획 능력, 큐레이션 능력과 더불어
따뜻한 인성을 갖추면 좋겠어요.

4차 산업 시대 공공도서관 사서가 갖추어야 할 핵심 역량을 기획 능력, 큐레이션 능력, 인성 세 가지로 볼 수 있습니다. 먼저 기획 능력이 필요한데, 공공도서관의 모든 업무는 인문학적 소양을 기를 수 있도록 '독서의 길'로 안내하는 역할을 해야 해요. 기획 능력이 뛰어나면 부족한 도서관 예산에 발목 잡히지 않고 여러 공모사업에 선정되어 더 많은 기회를 제공할 수도 있지요. 잘 기획된 사업의 최대 효과는 참여자를 도서관의 가족으로 만들고 주인의식을 끌어낼 수 있어요. 다음은 큐레이션 능력이 필요해요. 이젠 필요한 정보를 도서관이나 특정한 교육기관을 통해 구하던 시절은 지났어요. 언제 어디서든 원하는 정보를 얻을 수 있지만, 옥석을 가려내는 것은 더 어려워졌지요. 도서관 안팎의 넘쳐나는 정보를 잘 꿰어서 적절한 정보를 전달해 주는 능력이 필요해졌거든요. 큐레이션 능력의 기본은 다양한 관점과 높은 안목이에요. 다양한 경로를 통해 관점을 확장하고 안목을 넓히는 꾸준한 노력이 필요합니다. 마지막으로 인성이에요. 대부분 그렇겠지만 어떤 사람이나 장소가 좋아지는 경우는 순전히 사람의 온기일 때가 많지요. 긍정적인 경험은 그 장소를 좋아하게 만들어주는 1등 공신이고요. 그렇다고 무조건적 친절과 미소로 사람을 대하라는 건 아닙니다. 다만 '사서'라면 도서관에 긍정적인 이미지와 따뜻한 기운을 불어넣을 책임은 있다고 봐요. 사람마다 성향이 있으니 본인에게 맞는 방식으로 인사를 나누면 됩니다. 다정한 눈빛과 따뜻한 말투는 기본이겠지요.

톡(Talk)!
박은주

> 사서에겐 직업 소명감과 책임감, 끈기와 인내심,
> 사람에 대한 이해심이 필요해요.

아직 우리나라는 사서직에 대한 인식과 처우가 좋은 편이 아니라서 직업에 대한 소명감이 없으면 오래 할 수도 없고 자기를 성장시킬 수도 없답니다. 맡은 업무가 명확해서 책임감이 있어야 동료를 고생시키지 않고 이용자에게 제대로 된 서비스를 제공할 수 있죠. 끈기와 인내심은 1인 체제의 도서관에서는 더욱더 요구되는 자질입니다. 보통 책 1권을 정리하려면 검수하고 도장 찍어서 서가에 배가하기까지 몇 단계의 작업을 거친답니다. 이러한 기본적 업무가 이루어진 후에 자료 제공부터 정보 서비스까지 본격적인 업무가 진행될 수 있어요. 마지막으로, 사서는 보통 책을 다루는 일을 한다고 생각하는데, 업무의 최종 단계는 이용자 서비스로서 사람을 상대하는 겁니다. 그래서 사람에 대한 배려와 이해는 중요한 자질이라고 봐요. 친화력을 갖춘 사서가 된다면 자기 자신뿐만 아니라 이용자에게도 더욱 즐거운 도서관이 될 거예요.

톡(Talk)!
권혜진

> 학생에 대한 섬세한 관찰과 친밀성을 갖추고 있어야 하죠.

학교도서관은 특히 학생에 대한 친밀성과 관찰력이 필요합니다. 기본적으로 학생들은 이야기하고 싶어 해요. 그런 걸 잘 포착할 수 있어야 하죠. 이 학생이 이전에 무슨 책을 주로 빌려 갔는지, 어떤 분야에 관심이 있는지를 알아보고 다음 단계로 권할 수 있어야 학생에게 발전이 있어요. 그게 광의의 의미의 독서교육이겠죠. 독서교육이 활발히 일어나는 곳이어야 학교도서관으로서의 의미가 있다고 생각합니다.

다양한 분야에 호기심을 품고
사람들과 원활한 소통을 할 수 있다면 좋겠죠.

일단 다양한 분야에 호기심을 가져야 한다고 생각해요. 기본적으로 도서관은 한쪽에 치우치지 않고 다양한 시각으로 세상을 바라보게 하는 역할을 하는 곳이기에, 도서관을 채우는 책도 다양한 분야로 마련해야 합니다. 책을 고를 때 사서의 취향이나 관심사가 아예 배제될 수는 없기에 평소에 사서 스스로 다양한 분야를 살펴보고 관심을 가져야 합니다. 특히 학교에서 근무하려면 교과과정과 관련된 내용을 주의 깊게 살펴봐야해요. 덧붙여 사람과 소통하며 정보를 찾고 제공하는 걸 즐길 수 있다면 더 좋을 것 같네요.

도서관에 대한 철학과,
사람에 대한 따스한 애정을 품고 있어야 해요.

진부하고 상투적인 말이지만, 사서는 일단 사람을 좋아해야 합니다. 사서는 사람을 좋아하기에 책을 매개로 사람사이 연결하는 일을 하는 사람입니다. 도서관인으로서 사명감과 사람을 따뜻하게 대하는 선한 마음이 가장 중요하지요. 도서관에 오는 이용자에게 독서 상담과 참고 봉사 서비스를 제공하는 업무에서 특별히 이 자질이 드러나죠. 그리고 무엇보다 학교도서관은 어린이와 청소년을 대상으로 독서의 유의미한 경험을 제공하는 공간인데 이때 책에 대한 긍정적인 경험을 심어주면 평생 독자로의 마중물 역할을 한답니다.

독서와 배움의 자세를 토대로 반복되는 업무에서 새로운 걸 찾아내야 하죠.

첫 번째, 반복되는 업무를 좋아해야 해요.

학교는 매년 입학과 졸업을 반복하는 곳이며 학사 일정과 교육청 지침에 따라 의무적으로 해야 하는 일들이 있어요. 틈틈이 새로운 행사나 수업을 기획해야 풍성한 도서관 운영이 됩니다. 도서관에는 매일 반복되는 업무(대출, 반납, 배가, 수업)가 있고, 학기나 연간으로 반복되는 업무(도서 구매, 장서 점검, 독서 행사)의 연속이죠. 업무가 반복된다고 해서 작년에 했던 행사나 수업을 그대로 할 수 없거든요. 실제로 주 이용자인 학생들이 가장 먼저 느끼죠. 정해진 틀이 있고 그 틀이 반복되는 속에서 매번 새로운 것을 기획해야 합니다.

두 번째, 배움을 즐기는 자세가 필요해요.

학생이 책을 추천해 달라고 요청할 때, 그 학생에게 막상 어떤 분야에 관심 있는지 물어보면 명확하게 답변하지 못하는 때가 많아요. 우선 어떤 분야가 있는지 잘 모르고, 본인이 무엇을 원하는지 모르기 때문이죠. 이것을 알게 하는 게 사서교사의 역할이에요. 사서교사는 여러 분야를 다양하게 탐구하는 자세가 필요합니다. 이는 단지 책 영역에 국한된 이야기가 아니에요. 세상 모든 일에 관심을 두고 있어야 한다는 뜻이죠. 교사는 자기가 모르고 흥미 없는 분야라도 학생들이 흥미를 느낄 수 있도록 그 길로 이끌어 줄 책임이 있다고 봐요.

세 번째, 당연히 독서를 좋아해야 하겠죠.

독서를 좋아하던 사람도 독서가 일이 되면 버거워요. 왜냐하면 자기 취향에 맞춰 읽기보다는 학생의 취향과 교육에 유익한 책들을 읽어야 하거든요. 사서교사 자신이 다양한 분야의 책을 읽고 그 데이터를 가지고 있어야, 학생 이용자의 요구에 맞추어 적합한 처방을 할 수 있죠. 독서가 일인 직종이니만큼 기왕이면 분야를 가리지 않고 즐기는 사람이어야 합니다.

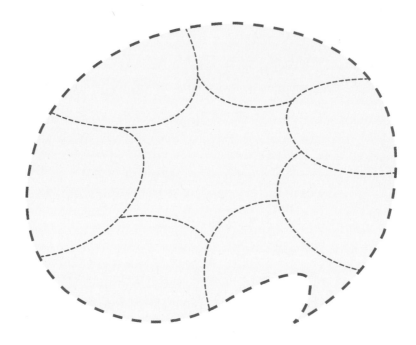

사서의 좋은 점 • 힘든 점

톡(Talk)!
박은주

| 좋은 점 |

직·간접적으로 다양하고 풍부한 경험을 통해 지적 성장을 이룰 수 있어요.

1. 늘 책과 함께하고 항상 최신 정보를 알고 있어야 하므로, 업무에 충실하기만 해도 계속해서 지적으로 성장할 수 있어요.

2. 이용자 봉사 서비스를 위하여 필요한 기술을 익히고 활용해야 하므로 경력에 비례해서 할 수 있는 능력이 늘어나죠.

3. 자기 일에 대한 자부심이 생겨요.

4. 직·간접적으로 다양한 경험을 할 수 있어서 사고와 이해의 폭이 넓어져서 풍부한 삶을 살 수 있답니다.

5. 노력 여하에 따라서 유사 직종 외에도 컴퓨터나 정보 관련 계통으로 전직이 가능해요.

6. 사서 독서동아리 모임을 통해 에너지를 충전할 수 있어요.

7. 물리적 근무환경이 쾌적합니다.

| 좋은 점 |
누군가에게 꿈과 희망의 기회를 줄 수 있다는
긍지가 생기죠.

업무를 하면서 보람을 느낄 때가 많아요. 사서의 역량에 따라 누군가에게는 새로운 꿈과 희망을 품을 기회를 줄 수 있죠. 사서의 작은 날갯짓이 지역사회를 책 읽는 도시로 변화시킬 수도 있거든요. 매우 멋진 일 아닌가요? 보람되고 가슴 벅찬 순간들이 때때로 찾아와요.

| 좋은 점 |
'워라밸'이 좋고 자기 역량을
충분히 발휘할 수 있는 일이에요.

가장 큰 장점은 남들보다 이른 오후 4시 30분이면 퇴근할 수 있다는 점이에요. 물론 출근 시간도 이르고 연봉은 그리 높지 않지만, 요즘 많이 얘기하는 '워라밸'에 아주 적합한 직종이죠. 퇴근 후 공부하거나 취미생활을 즐기는 등 여가가 많은 편이죠. 방학 기간에는 지정된 일수만큼 출근하여 업무를 진행할 수 있습니다. (이 부분은 사서와 사서교사가 다릅니다. 사서교사는 교원과 같이 연수, 수업 준비 등으로 방학을 보내게 됩니다) 또한 자신의 역량에 따라 다양한 업무를 할 수 있다는 점이 매력이에요. 이용자들과의 소통을 통해 보람과 즐거움도 얻을 수 있고요.

| 좋은 점 |
주도적인 학교도서관 운영과
이른 퇴근 시간이 장점이라 할 수 있죠

학교도서관의 특징인 1인 사서가 장점이자 단점이에요. 장점은 혼자서 프로그램을 기획할 때 업무가 신속하게 진행돼요. 또한 학교내 독립적인 범교과 영역으로 사서의 전문성을 발휘할 수 있답니다. 그리고 학교도서관은 이용자가 학생, 학부모, 교직원으로 한정되어 있기에 구체적이고 실질적인 서비스를 제공할 수 있어요. 예를 들어, 학생 연령대에 따라 교육과정에 적합한 도서 서비스를 지원할 수 있죠. 학년별 추천도서, 월별 교육과정에 맞춘 추천도서, 교과목 추천도서 등 주제가 확연히 드러납니다. 그리고 좋은 근무환경으로는, 학기 중 오후 4시 40분 이른 퇴근과 방학 중 41조 연수는 큰 장점이라고 할 수 있죠. 예측할 수 있는 교육과정 주기와 정해진 이용 대상은 사서 업무에 안정성과 효율성을 높여 줘요.

| 좋은 점 |
새롭고 다양한 책을 먼저 볼 수 있어요

새로운 책을 깨끗한 상태로 가장 먼저 볼 수 있어요. 어떤 사람들에게는 이게 무슨 장점이냐고 할지 몰라도 저에게는 매우 큰 장점이에요.

| 좋은 점 |

학생들의 흥미와 열정 속에서 끈끈한 유대감을 형성한답니다.

초등 도서관은 아이들의 넘치는 사랑을 받는 공간이에요. 신기하게도 아이들은 책을 읽지 않아도 도서관에 와서 책을 빌린답니다. 마치 습관적으로 일과를 수행하듯 꼭 도서관에 들러요. 하루 평균 대출량이 200~300권을 거뜬히 넘기거든요. 그래서인지 중등에 비해 잡무가 적은 편이에요. 하지만 대다수의 중등 사서교사는 도서관 업무 외에 다른 일을 겸해서 하고 하는 경우가 많아요. 그리고 초등의 독서 수업 역시 아이들의 초롱초롱한 눈빛을 받으며 할 수 있어요. 아이들이 흥미와 열정을 품고 수업에 참여하죠. 사서교사로서 매우 만족감을 느끼는 부분이에요.

중등 도서관 업무의 장점은 아이들과 깊이 있는 독서 토론이 가능하여 끈끈한 유대관계가 이루어진다는 부분이에요. 창체* 수업이나 동아리 활동을 통해 소규모로 만나 독서 활동을 할 수 있어서 아이들의 내면을 들여다볼 수 있고, 정서적 성장에 도움 줄 수 있다는 만족감이 크죠. 실제로 독서동아리 아이들이 몇 년 후 사서교사가 되어 만나게 되는 경우도 있어요. 또한 도서관 활동의 범위도 초등보다 훨씬 넓어요. 독서 봉사, 문학 기행, 저자 강연회, 독서 방송 제작 등 일정 수준 이상이 되어야만 할 수 있는 활동들이 있기에 초등보다 좀 더 다양한 독서 프로그램을 진행할 수 있지요. 사서교사의 교육적 만족도도 훨씬 높다고 볼 수 있습니다. 그리고 규모가 초등학교보다 작으니 대출·반납·배가와 같은 단순 업무의 강도 또한 낮은 편이에요. 더군다나 도서부 학생들과 함께 도서관을 운영할 수 있어서 별도로 학부모 명예 사서를 모집할 필요가 없어요.

* 창체(창의적 체험활동) : 초중등 교육과정에서 실시하는 교과과정 이외의 활동으로, 자율활동·동아리활동·봉사활동·진로활동 4개 영역으로 구성되어 있다.

톡(Talk)!
박은주

| 힘든 점 |
건강을 해칠 수도 있고
전반적으로 사서 급여가 낮게 형성되어 있죠.

1. 책을 다루는 직업이라 힘을 많이 써야 해서, 체력이 튼튼해야 오래 할 수 있는 직업이에요. (출판사에 부탁하고 싶은 것은 책을 가볍게 만들어 주셨으면 합니다.)

2. 컴퓨터를 통한 자료 검색과 입력 작업, 게시물 작업, 대출·반납 작업이 항시 업무이다 보니 손과 팔, 어깨 관련 근골격계질환을 겪게 됩니다.

3. 작가와의 만남 등 다양한 도서관 관련 행사가 늘어나는 추세여서 늦게 퇴근하거나 집으로 일을 가져가는 경우가 종종 발생하죠.

4. 사서직에 대한 인식 부재로, 업무 외적인 요청이나 부당한 요구를 할 때가 있죠.

5. 사서 무자격자를 채용할 때도 있어서 전반적으로 급여가 적게 형성되어 있어요.

| 힘든 점 |

관리자에 따라 도서관의 운영방침이 바뀌기도 하죠.

다른 직종처럼 승진의 개념이 없어요. 또한 관리자(교장/교감)의 마인드에 따라 업무와 처우가 달라지기도 하죠. 특히 관리자에 따라 도서관의 운영방침까지 변경되는 사례도 있어서 사서 자신이 주도적인 성향이라면 스트레스를 받을 수 있을 것 같네요. 도서관 업무 외의 잡무까지 할 때도 있고요. 체력적으로 버거운 일들도 있답니다.

| 힘든 점 |

혼자서 제반 업무를 감당해야 하고
고립감을 느끼기도 해요.

1인 사서로 수서-입수-배가-제작-폐기, 독서 행사, 수업 등 도서관의 제반 업무를 해야 해요. 공공도서관은 여러 명의 사서가 업무 분담을 하지만, 학교도서관은 1명이 도맡습니다. 따라서 학교내 도서관 업무의 몰이해로 인하여 소외감을 느낄 수 있어요. 별외 공간으로 고립감도 크고요. 그리고 병가 또는 출장으로 자리를 비울 때 대체자 선정에 어려움이 있죠. 특히 인수인계가 잘 이루어지지 않기 때문에 무경력의 신규 사서는 많이 힘들답니다. 학교마다 분위기와 운영방식이 달라서 경력자도 새로운 학교로 발령받으면 적응하는 데 어려움이 있어요. 이 부분은 비단 사서뿐만 아니라 모든 교직원에게 해당합니다.

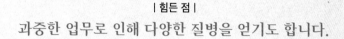

톡(Talk)!
권혜진

| 힘든 점 |
과중한 업무로 인해 다양한 질병을 얻기도 합니다.

손목터널증후군, 비염, 안구건조증 같은 직업병이 생겨요. 낮은 서가를 정리할 때 자주 앉았다 일어나야 하는데 아킬레스건이나 엉덩이 쪽 근육도 잘 다치게 되고요.

톡(Talk)!
김일영

| 힘든 점 |
정신적으로 지치고 육체적으로 버거울 수 있어요.

사람을 상대하는 일이기에 정신적으로 지치기 쉬워요. 그리고 공공도서관은 많은 사람이 쉬는 주말에 당번제로 근무해야 합니다. 평일과는 달리 심리적으로 부담이 되고 더욱 피로감을 느낄 수도 있고요. 하지만 주말 근무를 하면서 아이들을 포함하여 주민들과의 소통으로 많은 아이디어를 얻곤 하지요. '사서' 업무는 모르면 우아한 백조 같고요. 알면 땀을 뻘뻘 흘리며 미친 듯이 움직여야 하는 발이에요.

| 힘든 점 |
학교도서관 업무 자체가 다양하고 많아서 육체적으로 힘들어요.

초등 도서관의 단점은 도서관 이용률이 말해주듯 육체노동 강도가 셉니다. 무한 반복적으로 어지럽혀지는 도서와 반납된 도서를 다시 제자리로 배가하는 일이 혼자서 감당할 수 없는 양이죠. 그래서 학부모 명예 사서를 선발해서 도움을 받기도 해요. 학부모 명예 사서를 선발·조직·교육·관리하는 것과 수당이나 봉사 시간을 부여하는 것 또한 하나의 업무가 되죠. 여기에서 민원이나 갈등이 발생하는 사례도 많이 있고요. 또한 초등 도서관의 주 이용자층이 저학년 학생이다 보니 조용히 앉아서 독서하는 게 어려울 수 있어요. 아이들은 도서관에 있는 게 즐겁고 흥분된 나머지 뛰어다니다가 넘어져 다치거나 소리를 지르며 우는 일도 더러 발생하거든요. 그런 아이들을 일일이 반복해서 지도하고 보호하는 것이 사서교사의 역할이기도 합니다.

중등 도서관 업무의 단점을 꼽자면, 역시 학교 규모에 따른 문제일 수 있는데 도서관 업무 외 다른 업무의 부담이 크다는 점이에요. 실제로 저는 교과서 업무를 13년간 해왔는데요. 전교생이 사용하는 교과서를 주문하고, 200개가 넘는 교과서 상자를 뜯어서 배부하고, 정산(비용을 받는 일)까지 해왔어요. 대략 9월부터 2월까지 이어지는 업무라서 너무 두렵고 버거운 일입니다. 그 외에 학교 선생님들이 담당해야 하는 업무를 나누어 갖는데요. 실제로 수업 시수가 적은 비교과 교사라서 업무를 많이 할당받아서 도서관 업무에 집중하기 어려운 환경이 되기도 하죠. 독서교육보다는 도서관이 단순 대출과 반납만 하는 공간으로 여겨지고 실제로 그렇게 되는 경우도 많이 있답니다.

사서 종사현황

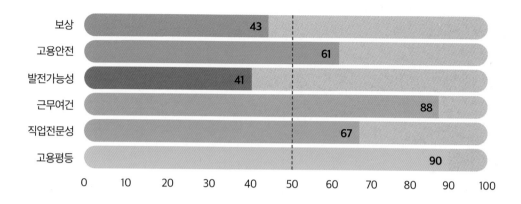

보상	43	
고용안전	61	
발전가능성	41	
근무여건	88	
직업전문성	67	
고용평등	90	

- 사서가 포함된 사서 및 기록물관리사의 임금수준은 평균에 비해 다소 낮은 편이다.
- 정규고용의 수준은 평균에 비해 다소 높았으며, 고용이 유지되는 정도도 높은 것으로 나타났다.
- 근무시간이 규칙적이고 근무 환경도 쾌적한 편이다.
- 업무에서의 자율성이 부여되는 편이고, 사회 기여도 및 직업에 대한 소명 의식이 높다.
- 성별과 나이에 따른 차별이 없는 것으로 나타나 고용 평등의 수준이 매우 높게 나타났다.

● 임금수준

　사서의 임금수준은 하위(25%) 2,562만 원, 평균(50%)
3,596만 원, 상위(25%) 5,025만 원이다.

임금

● 학력 분포

　사서의 학력 분포는 전문대학교 졸업 9%, 대학교 졸업 79%, 대학원 졸업 12%이다.

학력

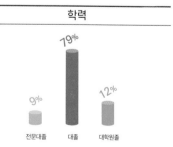

출처: 워크넷 직업정보/ 커리어넷

사서의

생생 경험담

미리 보는 사서들의 커리어패스

김일영 사서주무관 | 대구대학교 문헌정보학 학사, 석사, 박사 수료 > 경상북도교육청 고령도서관, 경상북도교육청 칠곡도서관

박은주 사서 | 이화여자대학교 도서관학과 (문헌정보학과) > 한국법제연구원 자료실 근무

편혜리 사서교사 | 공주대학교 사범대학 문헌정보교육과 > 경상대학교 교육대학원 국어교육과

박세지 사서교사 | 홍익대학교 국어국문학과 졸업, 경기대학교 교육대학원 사서교육 전공 > 영원중학교, 안서초등학교, 영일중학교 도서관 사서 근무

권혜진 사서 | 한성대학교 문헌정보학과 졸업 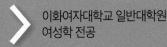 이화여자대학교 일반대학원 여성학 전공

배현정 사서 | 한성대학교 국어국문학 전공 문헌정보학 복수전공 > 한성대학교 학술정보관 학술자료팀 조교

대구대학교 문헌정보학과 출강,
경상북도교육청 신규 사서 특강

현) 경상북도교육청소속 공공도서관
지방사서주무관

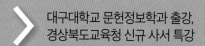

㈜에스엔씨정보센터 일본자료팀 근무

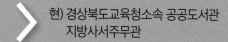

현) 매원초등학교 사서

경상남도교육청 소속 사서교사

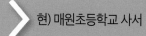

현) 언양초등학교 사서교사

명지전문대학 문헌정보과 출강

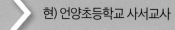

현) 용인 보라중학교 사서교사

고양시 삼송초등학교, 목암중학교 사서

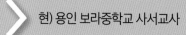

현) 고양화수초등학교 사서

구립 이문어린이도서관, 면목중학교

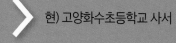

현) 동대문중학교 사서

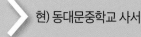

여섯 살 때 큰 화상을 입은 후에 건강한 모습으로만 자라기를 바라셨던 부모님의 믿음과 배려 덕분에 긍정적이고 밝은 성격으로 자랐다. 학창 시절 성적은 중위권이었지만, 유쾌함과 밝은 성격으로 주변에 많은 친구가 있었으며 학교 활동에서 적극적인 모습을 보였다. 학창 시절 보육원과 장애인센터에서 봉사활동을 했던 경험이 소외계층에 대한 새로운 인식을 싹트게 했고, 나중에 공공도서관 사서가 된 후에 소외계층을 위한 독서문화프로그램 개발에 큰 영향을 주었다. 단순히 취업 전망 때문에 진학했던 컴퓨터 관련학과에 흥미를 느끼지 못하고 문헌정보학과로 전향한 후에 어려움을 딛고 학업에 매진하게 된다. 사서직 공채시험을 준비하기 위해서 한자나 영어를 비롯한 다양한 분야의 공부를 하여 단기간에 합격하였다. 첫 발령지인 성주도서관을 시작으로 고령, 구미 등을 거쳐 현재 16년 차 지방사서주무관으로서 경상북도교육청 칠곡도서관에서 근무하고 있다. 또한 블로그 활동을 통해 청소년, 자녀 진로로 고민하는 학부모, 그리고 예비 사서와 현직 사서들에게 도움을 주기 위하여 노력하고 있다.

김일영 사서

현) 경상북도교육청소속 공공도서관 지방사서주무관
- 경상북도립 성주, 고령, 구미, 울진 도서관
- 경상북도교육청 고령도서관, 칠곡도서관
- 대구대학교 문헌정보학과 출강
- 학부모연수회 특강 외 다수
- 정사서 1급
- 대구대학교 문헌정보학 학사
- 대구대학교 문헌정보학 석사
- 대구대학교 문헌정보학 박사 수료

사서의 스케줄

김일영 사서의 하루

24:00 ~
▸ 취침

06:00 ~ 07:00
▸ 기상
▸ 운동(자전거 라이딩 등)

21:00 ~ 24:00
▸ 자기충전&계발
(공부, 독서, 글쓰기,
블로그 관리 등)

07:00 ~ 09:00
▸ 출근 준비
▸ 출근(장거리 운전)

18:00 ~ 21:00
▸ 퇴근 및 집안일

09:30 ~ 18:00
▸ 업무

컴퓨터
관련학과에서
문헌정보학과로
전향하다

▶ 사서의 스토리텔링

▶ 학술 자체 연구발표

▶ 미얀마 공공도서관

▶ 건강관리_자전거 라이딩

Question 어린 시절 어떤 환경에서 자라셨나요?

그 시절 보편적이던 다른 가정처럼 아버지께서 가장으로 경제를 책임지시고, 어머니께서는 가사를 돌보는 평범한 집안에서 자랐어요. 저는 다소 내향적 성향이었지만 어떤 상황이든 즐기는 스타일이라 외부에서 보면 외향적 성향으로 보였을 거예요. 아무래도 아버지의 외향적인 성향과 어머니의 내향적인 성향을 동시에 물려받아서 일 거예요. 여섯 살 때 큰 화상을 입어 2년 동안 병원 치료를 받은 적이 있어요. 어린아이가 감당하기엔 큰 치료였죠. 그 이후로 부모님께선 저에게 '건강하게 자라는 것만으로 고맙다'라는 생각이 자리 잡으셨던 거 같아요. 덕분에 학창 시절 통틀어 '공부'하라는 말을 들어본 적도 없을뿐더러 어떤 일이든 강요받아 본 적이 없었습니다. 무엇을 하든 믿음으로 봐라봐 주셨지요. 이런 영향인지는 모르겠지만 긍정적이고 밝은 성격으로 자라왔습니다.

Question 어린 시절 학업에 관심과 소질이 있으셨나요?

학창 시절에는 공부에 흥미를 느끼지 못했어요. 예를 들어 일본어 선생님이 좋으면 그 과목에 흥미를 느끼고 성적도 올랐고, 사회 선생님이 좋으면 사회과목에서 두각을 나타냈죠. 그래서인지 꾸준히 지속했던 건 없어서 딱히 흥미나 관심을 품고 몰입했던 과목이 없었어요.

Question 중고등학교 시절 학교생활과 성적관리는 잘하셨나요?

성적은 늘 중위권에 머물렀기에 학업적으로 눈에 뜨이는 학생은 아니었어요. 하지만 유쾌함과 밝은 성격 때문인지 체육대회에서 응원단장을 맡았고, 수학여행이나 소풍 때 사회를 도맡았습니다. 늘 주변에 친구들도 많았고요. 학창 시절의 치기였겠지만 친구들과 수업 땡땡이치고 분식집이며 여기저기 이유도 없이 쏘다니기도 했습니다. 그 시절에는 친구들과 함께라면 무엇이든 신나고 재미있을 때였으니까요. '미술부' 동아리에 가입한 적이 있었는데요. 관심보다는 멋있어 보여서 친구들과 함께 가입했어요. 관심과 흥미로 시작한 일이 아니기에 얼마 하지 못하고 자진 탈퇴했죠. 이외에는 딱히 동아리 활동을 하지 않았어요.

Question **진로나 진학 때문에** 부모님과의 갈등은 없었나요?

문헌정보학과로 편입한 이유는 우연히 보게 된 영화 <러브레터>였지만, 편입 이후에는 국립중앙도서관을 포함하여 공공도서관 사서라는 뚜렷한 목표가 생겼어요. 어릴 때부터 부모님께서는 어떤 선택을 하든 믿고 지켜봐 주셨기에 특별한 반대나 갈등은 없었어요.

Question **교외 활동을 통해서 현재 사서 직업에** 도움이 될 만한 활동이 있었나요?

공부로 주목받지는 못했지만, 제가 교외 활동을 할 때면 담임선생님께서 적극적으로 참여시켜 주셨어요. '보육원'과 '장애인센터'에서 봉사활동을 했어요. 그때의 경험으로 소외계층에 대해 새로운 인식과 관점이 생겼습니다. 진로 선택으로 이어진 것은 아니었지만, 공공도서관 사서가 된 후에 소외계층을 위한 독서문화프로그램 개발에 강한 열정을 불어넣어 주었습니다.

Question 대학 전공으로 처음엔 컴퓨터 관련학과를 선택하셨다고요?

네. 문헌정보학과는 두 번째로 선택한 전공이에요. 첫 번째 전공으로 컴퓨터 관련학과를 선택했었지요. 학창 시절에 저의 취향과 성격에 맞는 진로에 관해 진지하게 고민할 줄도 몰랐고, 기회도 없었습니다. 흥미를 느끼는 분야도 없었고요. 컴퓨터 관련학과도 단순히 취업 전망이 좋다는 생각으로 선택한 거예요. 그래서인지 흥미를 느끼지도 못했고, 대학 생활에 적응하기가 매우 어려웠습니다. 청소년 시절과 사춘기를 무난하게 지냈었는데, 때늦은 진로 고민으로 방황의 시기를 보냈지요.

Question 그렇다면 문헌정보학과를 선택하시게 된 특별한 이유가 무엇인가요?

우연히 보게 된 영화 때문이었습니다. 사회 진로를 정하지 못하고 방황의 시간을 보내던 어느 날 이와이 슌지 감독의 작품 <러브레터>를 보게 되었어요. 학창 시절의 남녀 주인공이 도서부원으로 활동하며 도서관에서 티키타카 하던 모습이 얼마나 아름답게 보였는지 모릅니다. 성인이 된 여자 주인공이 사서로 일하는 모습에 심장이 두근거리더라고요. 숙명처럼 그 설렘과 두근거림은 저를 사서가 될 수 있는 문헌정보학과로 이끌었지요. 너무 엉뚱하지요?

 **Question** ## 컴퓨터 관련학과에서 문헌정보학과로 전향하시면서 어려움은 없었나요?

　이과에서 문과로 편입해서 전공 공부를 따라가기란 생각 이상으로 버거운 일이었습니다. 공부에 몰입할 수밖에 없는 상황이었기에 학업 이외의 다른 활동을 하진 않았어요. 야심 차게 선택한 편입이었지만 반대 성격인 문과 전공에 적응하기란 쉽지 않더라고요. 첫 학기 중간고사에선 '백지'를 낸 과목도 있었거든요. '대학은 나와 인연이 아닌가?'를 심각하게 고민하기도 했었어요. 마지막으로 열심히 해보고 다시 판단하자는 생각에 공부에만 매진했습니다. 첫 학기 때는 성적이 하위권이었는데 두 번째 학기부터는 성적이 오르기 시작해서 1등으로 전체장학금을 받을 만큼 성장했습니다. 이때의 과정은 이후에 공무원 공채시험에 빠른 합격으로 이어졌어요.

Question ## 대학 시절 특별한 동아리나 교외 활동이 있었나요?

　'문헌정보학과'는 학창 시절을 통틀어 처음 주체적으로 선택한 전공이었기에, 공부 이외 다른 활동을 하진 않았어요. 집에서 학교까지 두 시간이 넘는 거리를 다니면서도 학기뿐만 아니라 방학 때도 중앙도서관에서 살다시피 했어요. 특히 방학 때 개강하는 한자나 영어 등의 교양강좌를 많이 들었습니다. 이때 익힌 다양한 분야의 지식이 사서직 공채시험에 큰 도움이 되었고요. 실제 업무에도 유용하게 쓰입니다.

 **문헌정보학과를 전공하시면서 직업에 도움이 될 만한 활동이 있었나요?**

편입 후 공부 이외에 어떤 활동을 하지 않았습니다. 대신 공부할 때 현장에서 이루어지는 업무 관련 학술논문을 포함하여 석·박사 논문을 많이 찾아봤어요. 이런 학습 방법은 업무를 할 때 큰 도움이 되었고, 대학원에 진학해서 공부할 수 있는 출발점이 되었습니다.

Question 사서에 관련한 진학이나 진로를 결정할 때 도움을 준 멘토가 있었나요?

안타깝게도 주변에 문헌정보학과를 전공한 사람이 없었기에 진학 결정 시에 멘토는 없었어요. 하지만 편입 후엔 사서에 대한 목표가 분명했기에 진로 선택에 혼란과 어려움은 없었습니다. 저는 멘토가 없었기 때문에 '사서 진로'를 고민하는 청소년이나 후배들에게 멘토 역할을 성의껏 하게 되는 이유가 되었어요. 세부적으로 조언하되 학생 스스로 고민하고 선택할 수 있도록 폭넓게 안내해주고 있어요. 일례로 십여 년 전, 당시 중학교 3학년이던 학생이 사서 직업에 관심을 가지고 진로 상담을 요청한 적이 있어요. 이후 그 학생은 '문헌정보학과'를 선택했습니다. 그 학생이 올해 공공도서관 공채시험에 합격했고, 내년에는 직업 후배로 함께 일하게 되었어요. 멘토가 있다면 진로를 고민하고 찾아가는 데 도움이 될 수 있다고 생각합니다.

공공도서관
사서는 지역에서
지적 나무를 키우는
농부

▶ 멘토

▶ 어린이들과 라포 형성

▶ 청소년 진로상담

▶ 평생교육강좌 참관

사서로서 처음 맡은 업무는 어떤 것이었나요?

처음 맡은 업무는 '어린이 자료실 총괄 업무'예요. 어린이 자료실을 총괄하면서 어린이 독서문화행사를 포함하여 어린이와 관련된 모든 업무를 말합니다. 아이들을 좋아하고, 성향과 업무 성격이 딱 맞아떨어져 천직으로 생각하며 일할 수 있었습니다. 이후 다른 도서관으로 발령받았을 때는 책을 포함한 모든 자료를 관리하는 업무를 맡았음에도 어린이와 함께하는 업무가 좋아서 두 가지를 모두 맡아 했습니다. 10여 년간 늘 어린이 관련 업무를 포함해서 다른 업무를 병행할 정도로 어린이와 함께하는 도서관 생활이 행복했습니다. 특히 작은 규모의 도서관이어서 지역주민과 소통하기에 매우 유리했던 환경이었어요. 커다란 가족의 분위기를 자아낼 수 있었지요.

현재 사서로서 어디에서 어떤 업무를 하시는지요?

현재는 경상북도교육청 칠곡도서관에서 근무하고 있어요. 공공도서관 사서는 사회적 인식과 현실 업무의 차이가 큰 직업이에요. 얼핏 보면 단순히 데스크 앞 직원의 모습에서 사서의 업무를 짐작하곤 하지요. 사서의 업무는 도서관 규모나 사서 수에 따라 추가되기도 하고 빠지기도 한답니다. 제가 소속되어있는 도서관에는 실무 사서가 세 명 있어요. 제 업무는 크게 6개 분야인 평생교육, 동아리 운영, 독서문화행사, 특강, 공모사업, 홍보 및 마케팅으로 나눌 수 있어요.

첫 번째는 평생교육으로 상반기와 하반기, 여름과 겨울에 방학 특강 강좌로 구분하여 운영하고 있어요. 그리고 매년 10월에 운영하는 경상북도 평생학습 박람회 업무도 하고 있어요.

두 번째는 동아리를 구성·관리·운영하는 일이에요. 단순하게 모임만 하는 것이 아니라 그림책 발간이나 재능기부, 인형극 제작 및 공연 등으로 이어지는 업무 등 눈으로 보이지 않는 많은 업무를 포함하고 있어요.

세 번째는 독서문화행사로 독서 활동으로 연결될 수 있도록 다양한 행사를 기획하고 운영하는 업무에요. 기간은 짧게는 일주일에서 길게는 한 달 동안 행사를 진행하고 있습니다. 도서관 규모에 따라 차이가 있지만, 도서관 주간과 세계 책의 날, 생일 기념 주간, 9월 독서의 달, 독도사랑주간 등의 행사를 운영하고요.

네 번째는 도서관 특강으로 학부모를 위한 아카데미, 인문학 아카데미, 그림책 아카데미, 청소년 진로특강 등을 기획하고 운영하는 업무에요.

다섯 번째는 공모사업으로 도서관의 예산이 아닌 외부에서 예산이나 사업을 지원받는 업무입니다. 찾아가는 행복 시 콘서트, 다문화 사업, 장애인 사업, 문화 나누리, 공공도서관 특성화 도서관, 1관 1단 사업 등의 업무입니다.

마지막으로 홍보 및 마케팅으로 포괄적으로는 도서관을 알리는 것을 포함하여 각종 행사를 홍보하는 업무에요. 보도자료를 작성하고, 홍보물을 제작하고, 홈페이지와 게시판 안내를 모두 포함하는 업무에요. 최근에는 홍보용 큐레이션도 업무에 포함하고 있어요. 이렇게 나열하고 보니 굉장히 다양한 업무가 있는데요 실제로 이루어지는 업무는 더 다양하고 세부적입니다. 인문학적 소양을 기르고 문화생활을 즐길 수 있도록 유도하는 모든 업무로 보면 됩니다. 이외에도 업무와 관련한 예산과 결산 등을 포함한 행정 업무도 있습니다.

Question 공공도서관 사서에 대한 비전을 품게 된 계기가 있었나요?

도서관은 공공도서관과 학교도서관을 포함하여 다양한 종류가 있는데요. 많은 전공 과목 중 공공도서관과 관련된 전공과목을 공부하면서 목표가 뚜렷해졌어요. 지역주민들을 위해 공공도서관을 지역의 '커다란 서재'로 만들고 싶다는 꿈이 생기더라고요. 책의 무한 가치를 통해 주체적으로 삶을 끌어갈 수 있도록 징검다리 역할을 하고 싶다는 막연한 사명감도 품게 되었지요. 사명감은 모든 전공과목을 깊이 공부하는 연결고리가 되더라고요.

Question 교육청 도서관과 지자체 도서관이 따로 있나요?

네. 우리나라 공공도서관은 교육청 소속 공공도서관과 지자체 소속 공공도서관으로 이원화되어 있습니다. 저는 '경상북도교육청 소속 공공도서관' 사서 공무원이에요. 교육청 소속 공공도서관은 지자체 소속 공공도서관과 달리 한 지역에 하나의 도서관만 있어요. 짧게는 1년 6개월에서 길게는 3년마다 다른 지역으로 옮겨 다녀야 해요. 첫 발령지인 성주도서관을 시작으로 고령, 구미, 울진, 다시 고령을 거쳐 지금의 경상북도교육청 칠곡도서관에서 일하고 있으며 현재 16년 차에 들어섰어요. 지역을 넘어 다니기 때문에 거주지와 멀어져 장거리 운전으로 힘든 부분도 많지만 반대로 지역의 특색에 맞는 사업을 할 수 있었고, 많은 지역주민을 만날 수 있었습니다. 덕분에 더욱 다양한 업무를 경험할 수 있었지요.

사서로서 가장 중요하게 생각하는 직업 철학은 무엇인가요?

공공도서관 사서는 지역주민과 도서관의 자원을 연결할 수 있는 가교역할을 해야 합니다. 지역의 숨은 인재를 발굴하여 지적자원으로 자생할 수 있도록 조력해야 하고요. 도서관에서의 배움을 지역을 위해 나누며 서로 소통하고 동행할 수 있도록 선순환 시스템도 마련해야 해요. 장 지오노의 작품 <나무를 심은 사람>에서 한 그루의 나무가 모여 커다란 숲이 된 것처럼요. 이렇게 되기 위해서는 우선 주민들이 도서관으로 걸음을 옮기는 것이 시작이에요. 이용하는 분들의 드러나는 욕구를 파악하고, 주민들의 잠재적 욕구까지 예측하여 교육과 행사를 기획해야 해요. 또 도서관을 편안하고 안락한 공간으로 인지할 수 있도록 세심한 노력을 기울여야 해요. 누구나 자유롭게 소통할 수 있는 공간으로 인식할 수 있도록요. 핵심은 직원만 노력한다고 되는 것이 아니라 주민과 공공도서관이 함께 노력해야 가능한 일이라고 생각합니다.

Question **사서가 되면 일반적으로** 어디에서 근무하게 되나요?

도서관마다 다른데요. 신규로 발령을 받게 되면 저와 같이 어린이와 관련된 업무를 맡게 될 가능성이 높아요. 어린이 자료 관리와 참고 봉사, 그리고 독서 교실, 도서관 체험(견학) 행사를 포함한 어린이 프로그램을 기획하고 운영하는 모든 업무를 했습니다. 공공도서관에서 가장 공들이고 마음을 사로잡아야 하는 고객은 어린이입니다. 어릴 적 도서관에서의 긍정적인 경험이 평생 책을 가까이할 수 있는 튼튼한 다리 역할을 하기 때문이에요. 어린이는 도서관의 미래인 동시에 우리나라의 미래이기도 하잖아요. 이런 맥락에서 '어린이 고객'에 대한 책임감을 지니고 그 소임을 다하는 것은 사서의 핵심 역할 중 하나입니다. 저는 첫 발령 때부터 지금까지도 도서관을 이용하는 어린이들의 이름을 다 외워서 일일이 불러주고 인사를 나누고 있습니다. 누군가 이름을 기억해서 불러주면 낯선 장소라도 편하고 호감 가는 장소가 되니까요.

Question 공공도서관에서의 근무 여건과 급여 수준은 어떤가요?

근무 여건과 급여 수준은 개인마다 체감도가 다르다고 생각합니다. 먼저 근무 여건을 말씀드릴게요. 몇 해 전부터 공공도서관은 복합문화공간으로 변모하고 있어요. 제가 처음 일했던 16년 전과 비교했을 때 업무가 매우 다양해지고 역할도 확장되었어요. 업무의 양이 늘어나면 인력도 뒷받침되어야 합니다. 그렇지 않을 때 일에 치여 업무의 질을 기대할 수 없고, 사서의 만족도와 행복감도 낮아질 수밖에 없다고 생각합니다. 다행히 점차 도서관의 중요성과 역할을 제대로 인식하는 사회 분위기가 형성되고 있습니다. 현장 사서들과 전문가들의 노력으로 과거보다 사서직의 비율도 조금씩 늘어나고 있어 과거보다 근무환경이 나아지고 있습니다. 다음으로 급여 수준인데 설명하기 쉽지 않네요. 소득에 대한 관점은 매우 주관적인 부분이니까요. 일반 기업에 다니는 주변 지인들과 비교하면 상대적으로 낮다고 할 수 있는데 저는 적당하게 만족하고 있거든요. 지방 사서직 공무원의 연봉은 호봉제로 일반직 공무원 봉급표에 따르고 있으니 참고하면 도움 되실 거예요.

Question 사서로 근무하시면서 새롭게 알게 된 사실이 있나요?

사서는 외부에서 보는 모습과 차이가 커요. 저 또한 실제로 공공도서관에 발령받고 새롭게 안 사실이 있는데요. 첫 번째는 도서관에서 근무하는 직원은 모두 사서인 줄 알았어요. 지역이나 규모에 따라 다르겠지만 제가 있는 곳은 사서 실무자의 비율이 30% 정도예요. 전공에서 배우는 사서직 배치기준과는 다소 차이가 있습니다. 두 번째는 도서관은 대출·반납의 업무만 하는 줄로 알았어요. 전공에서 배우긴 하지만, 실제로 이렇게 다양한 업무가 있다는 사실이 놀라웠습니다. 세 번째는 공공도서관의 특성상 주말에도 개관하기에 당번제로 근무합니다. 마지막으로 업무에 따라 다르겠지만 내향적인 사람보다는 외향적인 사람이 좀 더 적합한 직업이라고 생각합니다. 자료를 관리하는 사서를 제외하면 온종일 사람과 마주하는 업무가 대부분이에요. 실제로 내향적인 성향의 사람들이 업무에 대한 고충을 얘기하기도 합니다.

블로그를 통해
사서의 일을
공유하다

▶ 학부모동아리

▶ 학부모연수회 특강

▶ 독서교실 행사

▶ 도서관에서

사서 직업에 대한 일반인들의 잘못된 통념은 무엇일까요?

직업이 '사서'라고 하면 편하게 일할 수 있는 직업이라는 말을 많이 듣습니다. 저도 책을 많이 읽을 수 있는 직업이라는 편견이 있었거든요. 물론 다른 직업보다 책으로 둘러싸인 환경에서 일하기에 책을 가까이할 수 있는 여건은 갖추어져 있어요. 그렇다고 근무시간에 책을 읽을 수는 없어요. 실제로 장서(책을 포함한 모든 자료) 관리 업무 담당자를 제외하면 사람을 훨씬 많이 만나는 직업입니다. 그래서인지 공공도서관 사서 직업 만족도 조사에서 직업 만족도가 낮고, 감정노동에 스트레스 지수가 높게 나왔어요. 보람을 많이 느낄 수 있는 직업이라 하더라도 온종일 사람을 만나고, 필요에 따라 수십 통의 연락을 주고받다 보면 감정노동에 스트레스를 많이 받을 수밖에 없습니다. 책과 함께하는 낭만적인 직업이라는 이상과 실제 업무와의 괴리감으로 힘들어하는 사서도 많아요. 일반인뿐만 아니라 전공자들도 이론으로 배워도 실무를 접하기 전에는 알기 어렵습니다.

스트레스를 해소하거나 체력 충전을 위해서 하시는 활동은 무엇인가요?

스트레스를 푸는 방법은 두 가지로 하나는 운동이고, 다른 하나는 글쓰기를 포함한 독서 활동이에요. 사람을 만나는 직업은 체력소모가 매우 커요. 실제로 여러 번 번아웃을 경험하기도 했고요. 이후로 체력의 중요성을 인식하고 꾸준한 운동으로 체력을 유지하고 있지요. 다행히 운동을 좋아하는 편이라 다양한 운동을 통해 체력도 올리고 스트레스도 해소하고 있어요. 몇 달 전부터 새로운 취미로 자전거를 타고 있는데요 굉장히 재미있어서 몰입하고 있답니다. 두 번째도 매우 중요한 필수활동인데요. 평소에 많은 사람과 마주하는 업무가 많아서 업무 이외의 시간에는 혼자 조용하게 할 수 있는 활동을 선호해요. 책을 읽거나 글을 쓰는 활동은 저에게 굉장한 에너지를 줍니다. 이런 활동은 업무에 도움이 되는 선순환의 역할로 일석이조의 효과를 누리고 있어요. 건강한 체력은 건강한 정신의 바탕이 됩니다. 좋은 에너지를 만들어 즐겁게 일할 수 있도록 성향에 맞는 적절한 활동은 꼭 필요해요.

Question **도서관에서** 학부모동아리를 조직하셨다고요?

네. 매우 치밀하고 장기적으로 준비했어요. 학부모동아리를 정식 출범하기까지 1년 6개월의 준비과정을 거쳤어요. 동아리의 비전부터 지역에서 어떤 역할을 할 것인지도 매우 명확하게 설정했어요. 동아리의 성장을 돕기 위해 재능기부 시스템을 설계하고, 공모사업(외부자원 유치)을 신청했지요. 그 과정에서 동아리 회원이 지역의 외부자원을 유치하고 공공도서관의 주인으로 역할을 하기까지 성장하는 걸 보면서 큰 보람을 느끼고 있습니다. 특히 지역의 그림책 재능기부 시스템이 단단하게 뿌리내렸고요. 담당자, 강사, 회원이 함께하기에 담당사서가 중심을 잡고 버팀목 역할을 해야 합니다. 업무의 성격상 많은 시간과 에너지가 필요하지만 '공공도서관의 지적 자원'으로 뿌리 내릴 수 있도록 끌어주고 조력해야 합니다.

Question **장애인 인문학 사업을 진행하시면서** 어떠한 성과를 얻으셨나요?

제가 있는 곳은 인문학으로 유명한 지역임에도 문화소외계층을 위한 인문학은 취약했어요. 2021년에 공모사업으로 예산을 받아 처음으로 인문학 사업을 진행했죠. '장애인을 위한 인문학 프로그램'이 처음이라서 친근하게 다가갈 수 있는 방향을 모색하면서 인문학의 접근 도구로 '시 낭송' 프로그램을 기획하고 운영했어요. 사업 종료 후 참여자들은 "내 모습 그대로가 좋다. 자존감이 높아졌다. 화가 덜 난다. 삶을 끌고 가는 힘이 생긴 것 같다.

시를 암송하면서 한 번도 느껴보지 못했던 자신감이 생겼다." 등 삶의 질을 끌어올린 경험을 공유하며 모두가 '인문학의 위력'을 확인했지요. 사업을 진행하며 여러 번의 번아웃을 경험할 정도로 힘들었지만, 참여자가 긍정적으로 변화된 모습을 보면 그간의 힘듦을 잊어버리게 되더라고요.

Question **사서로서 특별한** 비전이 있다면 말씀해주세요.

사서 직업인으로 비전은 매우 단순하고 명확해요. 공공도서관을 제가 노인이 되어서도 안락하게 지적 유희를 즐길 수 있는 커다란 서재로 만드는 것이에요. 아이들은 도서관에서 다양한 책을 통해 지적 취향을 발견하고 스스로 의문점을 해결하면서 민주 시민이 갖춰야 할 덕목을 배우고요. 성인은 주체적인 민주 시민으로 살아갈 수 있도록 관점을 확장하고 안목을 넓힐 수 있고요. 다 함께 어울리고 소통하며 편히 기댈 수 있는 공간을 만드는 것이 꿈이에요. 독서가 평생의 생활이자 삶의 방식이 될 수 있도록 꾸준히 노력할 겁니다.

Question **목표와 비전을 이루시기 위해** 현재 하시는 활동은 무엇이 있나요?

저는 삶과 일, 공부와 운동이 하나의 길을 향해 있어요. 나이 들어도 함께 할 수 있는 공공도서관을 만드는 게 목표니까요. 모든 직업이 그렇겠지만 특히 사서는 지적자원을 다루기 때문에 꾸준한 자기 계발이 필요해요. 자기 계발의 도구로 작년 11월부터 네이버 블로그를 하고 있습니다. 블로그를 하는 목적은 외부적으로 보이는 사서의 역할과 업무는 빙산의 일각이라서 실제 다양한 역할과 업무를 바로 알려드리고 싶었어요. 청소년이나 자녀의 진로를 고민하는 학부모, 그리고 예비 사서와 현직 사서들에게 도움이 되기를 바라는 마음으로 많은 정보를 공유하려고 노력하고 있지요. 실제로 블로그를 통해 다양한 기관에서 문의받고 있어요. 다음으로 독서와 글쓰기를 통해 관점을 확장하고 안목을 넓히는데 많은 시간을 투자하고 있어요. 객관적 사실에 근거하여 지식정보를 전달하는데 도움이 되고, 자기 계발에도 매우 좋은 방법입니다. 가득 채워져 저절로 넘치는 때가 오면 블로그 글을 엮은 책으로 더 많은 사람에게 도움을 주고 싶습니다. 사서로 비전과 목표를 이루기 위해서 체력과 건강이 바탕이 되어야 합니다. 운동은 체력과 건강에 도움이 되지만 좋은 에너지를 만들어내기 때문에 일의 능률이 올라요. 결국 언급한 세 가지가 균형 있게 어우러질 때 사서로 목표와 비전을 이루는 것도 가능하겠지요.

Question 가까운 사람에게 사서라는 직업을 선뜻 권하실 수 있나요?

사실 고민이 되는 질문입니다. 책을 좋아하는 사람이 많이 선택하는 직업인데 주로 내향적인 성향을 지니고 있더라고요. 공공도서관은 어떤 관종(도서관의 종류)보다 외향적인 성향을 요구하는 직업이랍니다. 사람들과 많은 소통이 필요하기에 대인관계가 힘든 사람에게 추천하기가 쉽지 않아요. 그런데도 '책'이라는 거대한 공감대를 사이에 두고 정보를 주고받으며 소통할 수 있으니까요. 사서만큼 보람을 느낄 수 있는 직업도 흔치 않고요. 사서의 역량에 따라 지역의 공공도서관이 독서문화의 빛이 될 수 있다는 것은 매우 멋진 일이잖아요. 도서관 회원 중에서는 93세 어르신이 윤동주 시집을 읽기 위해 찾기도 하고요. 85세 어르신이 평생교육 강좌를 들으며 노년의 삶을 풍성하게 가꾸어가고 있어요. 그리고 서가의 수많은 책은 저마다 가치가 있어 우연과 선택에 의한 인연으로 한 사람의 삶을 바꾸어 놓기도 하지요. 이런 모든 환경을 만드는 사람이 '사서'니까요. 직업이 지닌 약점을 감수할 수 있다면 추천하고 싶어요.

인생의 선배로서 청소년들에게 조언 부탁드립니다.

무엇이든 하고 싶은 것에 대한 망설임과 두려움이 없었으면 좋겠어요. 결과의 성패를 떠나 과정에서 얻는 경험은 살아가는 데 수십 배의 힘으로 역할을 다할 거예요. 어린 시절부터 자신의 취향을 알기 위해 진지하게 고민하지 못했다면 지금이라도 다양한 경험을 해보세요. 물론 현실적으로 학업에 치여 쉬운 일이 아닐 겁니다. 그렇지만 행복에 초점을 맞추고 미래를 어떻게 설계할지 스스로 풀어나가는 진지한 고민과 성찰이 필요하다고 봐요. 본인이 원하는 삶이 무엇인지 알아야 필요한 것에 대한 준비를 할 수 있으니까요. 제 직업이 사서라서 '독서'에 대해 말할 수밖에 없네요. 많은 학생이 '독서'를 국어나 논술 등 공부로 인식하고 있어요. 입시라는 커다란 목적이 있기에 목적독서를 하는 경우가 많았으니 충분히 이해되는 일이지요. 순수한 독서는 자신의 취향을 발견할 수 있는 가장 좋은 도구로서 스스로 문제를 해결해가는 능력을 키우고 관점을 확장한답니다. 요즘엔 어려운 분야의 지식을 쉬운 말로 풀어낸 대중서가 많이 출간되고 있어요. 한 번의 긍정적인 독서 경험이 평생 책을 가까이하는 계기가 되기도 하죠. 사람은 아는 만큼 선택의 폭이 넓어지거든요. '자기가 어떤 사람인지?, 어떻게 살아갈 것인지?'에 대한 철학적 고민은 어떤 진로를 선택할 것인지의 의문과 밀접하게 맞닿아 있어요. '독서'와 '다양한 경험'을 통해 자기의 취향을 발견하고 스스로 진로를 선택할 수 있기를 바랍니다. 그래야 주체적이고 행복한 삶을 살아갈 수 있으니까요.

어릴 적부터 책과 이야기를 무척 좋아했으며, 학창 시절에도 책을 통해 세상을 배우고 가치관을 형성하였다. 고등학교 시절엔 펜글씨 쓰는 '경필부'와 '도서부'를 꾸준히 했으며 어머니의 권유로 도서관학과를 선택하게 되었다. 대학 졸업 후에, 정부출연기관인 한국법제연구원 자료실 사서로 일을 시작하였으며, 에스엔씨정보센터 일본자료팀을 거쳐 현재 매원초등학교 도서실에서 사서로 근무하고 있다. 사회생활을 시작해서 지금까지 28년 동안 사서로 즐겁게 일하고 있다. 현재 근무하는 매원초등학교의 학생 수는 500명 정도이며 아이들의 이름을 다 외울 정도로 학생들에게 관심과 애정이 많다. 출근 시간보다 40분쯤 일찍 출근해서 커피 한잔하며 여유롭게 하루를 시작하는 것을 즐기고, 성격은 조용한 편이지만 사람들과 어울리고 이야기하는 걸 좋아한다. 정년퇴직 후에 작은 도서관을 운영할 목적으로 현황조사와 탐방 등 사전작업을 하고 있다.

박은주 사서

현) 매원초등학교 도서실 근무

- ㈜에스엔씨정보센터 일본자료팀 근무
- 한국법제연구원 자료실 근무
- 미국 미네소타주립대학교 어학연수 외
- 이화여자대학교 도서관학과(문헌정보학과) 졸업
- 스토리텔링지도사 자격증
- 정사서2급 자격증

사서의 스케줄

박은주
사서의
하루

21:00 ~ 24:00
▶ 자기 계발 및 여가 시간
(독서, 블로그 작성,
산책, 영상 시청)
24:00 ~
▶ 취침

05:30 ~ 07:00
▶ 기상 및 출근

18:00 ~ 19:30
▶ 저녁 준비 및 저녁
19:30 ~ 21:00
▶ 청소 및 하루 정리

08:10 ~ 11:30
▶ 도서실 오전 업무

12:00 ~ 16:30
▶ 도서실 오후 업무
16:30 ~ 17:00
▶ 휴게 및 퇴근

11:30 ~ 12:00
▶ 휴게 및 점심

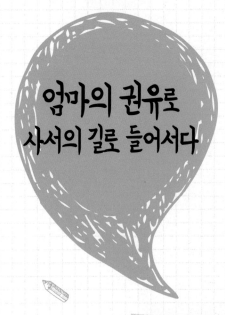

엄마의 권유로
사서의 길로 들어서다

▶ 중학교 입학

▶ 외할머니와 이화여대 입학식

▶ 20대 후반

어린 시절부터 책을 가까이하셨나요?

아주 어릴 적부터 책을 좋아했던 것 같아요. 초등학교 입학 전에는 할머니가 들려주는 옛날이야기가 너무 재미있어서 그 이야기 내용을 상상하면서 잠드는 것이 좋았어요. 초등학교 입학 후에는 좋아했던 책이 두 종류 있었는데 하나는 엄마가 사주신 '백과사전' 전집이고, 다른 하나는 '교과서'와 '전과'였습니다. 백과사전을 보면 미처 알지 못했던 세상과 모르던 지식을 알게 되었고 교과서와 전과를 보면 흥미로운 작품들과 내용들이 많이 있어서 백과사전과 교과서를 보는 것이 그 당시에 굉장한 즐거움이었죠. 백과사전을 구매하면 주말에 방송국 견학 등 체험활동도 할 수 있었는데 세상에 대한 호기심을 채워나갔던 시기였어요.

Question **책을 좋아했던 어린 시절의 습관이 학창 시절까지 이어졌나요?**

네. 초등학교 고학년 때부터는 온종일 책을 읽고 있으니 엄마가 돈을 주면서 나가 놀라고까지 하셨어요. 지금처럼 동네마다 도서관이 있던 것도 아니고 책도 귀한 시절이었죠. 친척 집에 놀러 가거나 아는 사람 집에 가면 책을 빌려서 읽다 보니 책이 더 그립고 좋아진 듯하네요. 중학교 입학 전 초등학교 6학년 겨울방학에 나관중의 '삼국지'와 헤세의 '수레바퀴 아래서', 존 스타인벡의 '분노의 포도'를 읽었던 감동은 지금도 생생하네요. 미약하나마 '삼국지'에서는 세상사는 지혜를, '수레바퀴 아래서'와 '분노의 포도'에서는 세상을 배웠습니다. 무궁무진한 세계를 만날 수 있는 책은 읽는 것뿐만 아니라 소장하는 것도 좋아합니다.

부모님의 양육방식이나 독서 습관이 현재에 어떻게 영향을 미치고 있나요?

엄마는 교육열이 높고 자식에 대한 사랑과 기대가 크셨지만 '~ 해라, ~하지 마라'하는 대신에 거의 자율적으로 맡겨서 책임을 지게 하셨죠. 엄마의 민주적이고 진취적인 양육 방식 덕분에 성실성과 책임감을 지닌 어른으로 살아갈 수 있는 것 같아 항상 고맙게 생각해요. 독서를 좋아해서 다소 내성적인 성향이긴 하지만 사람들과 어울리는 걸 좋아해서 걷기, 달리기, 테니스, 여행, 놀이동산 가는 걸 즐겨요. 날씨 좋은 날에는 주로 집 밖에서 시간을 보내고 외부활동을 통해 그 에너지를 직장과 가정에서 사용한답니다.

어린 시절 특별히 좋아했던 과목이나 관심을 둔 분야가 있으셨나요?

초등학교 때는 국어와 사회, 중학교 때는 영어와 생물, 고등학교 때는 국민윤리와 독어, 한문을 좋아했습니다. '갈매기 조나단'과 '데미안'을 읽고 나서 어른이 되면 세상을 좀 더 밝게 하는 일을 하며 살고 싶다는 생각에 외교관이나 봉사하는 삶에 관심을 품게 되었죠.

진로 때문에 부모님이나 주변 사람과의 갈등은 없었나요?

중학교 때 외교관이나 봉사하는 직업을 갖고 싶었어요. 부모님의 기대 직업은 따로 없었고 남에게 해가 되지 않고 도움이 될 수 있는 일을 하며 살라는 당부를 늘 하셨죠. 어릴 때부터 외할머니는 제가 법관이 되길 바라셨고요. 책을 통해 본 법관들의 모습은 권위적이고 다소 부정적인 느낌이어서 엄마가 권유한 사서의 길을 택했습니다.

Question 학창 시절 사서 직업에 도움이 될 만한 활동이 있었나요?

고등학교 시절 '도서부' 동아리 활동입니다. 그때는 학교도서관이 없었던 시절이라서 도서관을 체험해보는 활동보다는 독서가 위주였었죠. 하지만 입시 위주의 학교생활에서도 책을 읽을 수 있었던 소중한 시간이었던 것 같아요.

Question 중고등학교 시절 성적 관리와 동아리 활동은 어떻게 하셨나요?

중고등학교 시절 성적은 2등만 몇 번 해보고 3~5등 안에 드는 상위권이었어요. 교우 관계는 거의 반의 모든 아이와 잘 어울렸던 거 같아요. 늘 함께 어울리던 친구가 8명 정도 있었고, 그중 3명과는 지금까지 친하게 지내고 있답니다. 중학교 때는 동아리 활동을 안 했고, 고등학교 시절엔 펜글씨 쓰는 '경필부'와 '도서부'를 꾸준히 했었죠.

Question 학창 시절에 진로에 도움이 될 만한 활동이 있었나요?

1980년대 학창 시절을 보냈기에 진로나 적성이란 말이 없던 시절이라 특별한 활동은 없었어요. 단지, 고등학교 시절에는 원하는 대학과 학과를 가기 위해 학교 공부를 좀 했다는 것 외에는 별로 기억나는 게 없네요.

Question 사서 직업에 관심을 두게 되신 특별한 계기는 무엇인가요?

어느 날 사서에 관한 TV 방송을 보신 엄마의 권유로 도서관학과(문헌정보학과)를 선택하게 되었죠. '사서'라는 직업에 대해서 알아본 엄마는 책 좋아하고 정리 정돈 잘하고 차분한 저의 성격이 사서가 되기에 알맞은 성향이라며 한번 생각해보라고 하셨어요. 저를 가장 잘 아는 엄마의 제안을 받아들여서 도서관학과(문헌정보학과)를 선택하게 되었답니다. 이 또한 엄마에게 항상 감사하는 부분이에요.

Question 대학 생활에서 진로와 관련한 학업이나 활동은 어떤 것이었나요?

대학에서 진로와 관련된 학업은 크게 서지학 , 도서관학, 자료조직, 정보학, 참고봉사*의 전공 수업이 있답니다. 이를 통해 진로에 필요한 지식을 쌓았고, 도서관 실습으로 실무경험을 익혔죠. 낙후 지역에 있는 공부방에 마을문고를 만들었는데 그 당시 아이들에게 학업을 가르치는 봉사활동이 서울지역 도서관연합회 차원에서 있었어요.

* 서지학(書誌學) : 책을 대상으로 하여 그 형태와 재료, 용도, 내용, 변천 등을 과학적이며 실증적으로 연구하는 학문
* 참고봉사 : 이용자 협조, 독자 상담지도 등으로 표현되던 도서관 봉사 역사 초기 시절의 이념을 강조하여, 도서관은 이용자가 알아서 이용하도록 하고 사서는 이용자가 이용하도록 최소한으로 도와주기만 하면 된다는 이론

Question 학창 시절에 진로에 도움이 될 만한 활동이 있었나요?

대학에 가니 전국 방방곡곡에서 재미있고 특별한 학생들은 다 온 듯했었죠. 그러한 친구들을 많이 사귀면서 '독서토론동아리'를 만들어서 책도 많이 읽었고 다른 대학 탐방도 다니고 MT도 다니고 영화도 보러 다니면서 즐겁게 보냈어요.

▶ 성북강북교육지원청 캘리그라피 교육청 필수연수

이큐레이터 **양성아카데미 기본과정(2차)**

교육기간 2018.11.13(화)~12.27(목)/ 매주 화, 목 저녁 18:30~22:30, 총48시간
교육장소 성북구청 3층 성북배움터

▶ 성북구청 청소년지원과 놀이큐레이터 과정 수료

도서관은
정보센터,
사서는
정보전달자

청운문학도서관

▶ 성북강북교육지원청 사서연구회 현장연수

Question 두 번째 직장이었던 에스엔씨정보센터에서의 업무는 어떠셨나요?

㈜에스엔씨정보센터는 여러 도서관에 세계 곳곳에서 출판되는 도서, 정기간행물과 논문 자료 등을 제공하는 대행사였어요. 미국에 어학연수를 다녀온 후에 한 선배의 소개로 입사하게 되었는데 아쉽게도 4년 전에 다른 회사와 합병되었다고 하네요. 저는 일본 자료팀 소속으로서 일본과 중국, 아시아권의 출판물과 논문 자료를 삼성, 엘지 등의 기업과 김&장, 세종 등의 로펌, 대학 도서관 등에 제공하는 업무를 담당했습니다. 주된 업무 지역은 일본이었는데 고등학교 때 좋아했던 한문과 대학교 시절에 공부했었던 일본어가 큰 도움이 되었죠. 업무 초기에는 압구정에 있는 일본어 학원 새벽반을 6개월 정도 다니기도 했고요. 현지에 있는 일본인과 일하는 형태였기에 일본 출장도 잦았죠. 일본 여행도 많이 하고 일본 법령집 번역으로 정부 부처에서 부수입도 올릴 수 있었던 시절이었습니다. 디지털 정보화 시대로 들어서는 세태에 맞는 '정보 전달자(Information Service)'로서 능력을 갖추게 된 것이 가장 크게 얻은 수확이었다고 봐요.

Question 현재 근무하시는 매원초등학교 도서실에서의 업무는 무엇인가요?

매원초등학교는 서울 성북구 돈암동에 있는 사립초등학교입니다. 한국인 교사와 영어를 하는 외국인 교사가 함께 수업해서 학교도서관에 있는 소장본은 한국어로 된 책과 영어로 된 책이 2대 1의 비율 정도로 있죠. 전체 장서 수는 2022년 6월 현재 35,400여 권이고, CD 자료와 DVD 자료도 있어요. 이곳은 일반 도서관이 아니라 학교도서관이기에 일반 도서관의 역할과 더불어 교수·학습지원센터로서의 역할을 함께 수행해야 합니다.

Question

매원초등학교 도서실이 다른 도서관 업무와 다른 점이 있나요?

일단 1인 사서 체제이므로 도서관의 전반적 업무(도서의 수서부터 정리, 대출·반납, 참고봉사)를 다 할 수 있어야 하죠. 예산을 세우고 물품을 구매하고 중장기 계획을 세우는 등의 행정 업무도 할 수 있어야 한답니다. 또한 1년에 최소 2번 정도는 독서프로그램을 진행해야 하기에 문화 행사 프로그램과 진행에 관한 정보를 많이 알아야 해요. 무엇보다 많이 참여해보는 것이 좋아요. 행사 홍보와 독서력 증진을 위한 활동도 해야 하기에 컴퓨터를 잘 다루고 응용프로그램도 잘 활용할 수 있어야 합니다. 코로나로 인한 비대면 시대를 거치면서 zoom도 잘 활용할 수 있어야 하고, 구글 문서를 비롯한 메타버스 활용 등 다양한 능력이 요구되죠. 학교도서관 사서로 근무하면서 디지털시대를 넘어 비대면 시대에도 적응할 수 있는 능력을 키울 수 있다는 점과 매원초등학교의 특성상 영어를 항시 사용해야 한다는 점이 부담도 되지만 아이들과의 하루하루가 즐겁답니다.

Question

사서의 길로 접어들게 된 결정적인 이유가 궁금합니다.

사서를 선택한 결정적인 이유는 전공 이수를 위한 '도서관 실습'을 통해 사서의 다양한 업무를 경험한 게 계기가 됐죠. 정보전달자로서 사서직에 매력을 느껴서 평생 직업으로 하고 싶었고 운 좋게 그렇게 되어가고 있는 거 같네요.

Question

사서가 되기 위해 준비 과정을 단계별로 설명 부탁드립니다.

1. 우선 어느 대학교 문헌정보학과를 가고 싶은지를 결정하세요.
2. 결정되면 그에 맞는 수능 성적을 받기 위한 공부를 하세요.

3. 문헌정보학과 입학을 했다면 어느 도서관에서 사서로 일하고 싶은지를 결정하세요.

4. 결정되면 원하는 도서관의 사서 업무와 채용 조건을 확인하세요.

5. 국회도서관이나 국립중앙도서관처럼 시험이 필요한 곳이면 시험에 필요한 정보를 찾아서 준비하고, 기업체 도서관처럼 성적과 스펙이 필요한 곳이면 그에 맞는 스펙을 준비하세요.

Question   사서가 되기 위해서 기본적인 소양은 무엇인가요?

우선 전공 가운데 '자료조직'과 '정보학, 정보봉사' 과목은 실무에서 꼭 필요한 능력을 갖출 수 있는 중요한 과목이에요. 요즘은 대행업체에서 마크 작업을 해주지만, 자료 분류와 정보 봉사는 사서에게 기본 업무 능력이죠. 그걸 갖추어야만 1인 사서 체제 도서관에서도 일할 수 있답니다. 기업체나 로펌은 대부분 1인 체제이고 연봉이 높아요. 또한 디지털과 비대면 시대이기에 컴퓨터 활용 능력도 중요하죠. 업무와 행사물 작업에 필요한 한글, 엑셀, 파워포인트는 기본으로 갖추어야 해요. 그 밖에 자기가 좋아하고 잘하는 프로그램을 마스터해서 본인만의 무기로 만들어야 경쟁력이 생깁니다. 일단 기본기를 갖추고 실무는 해 나가면서 익혀도 괜찮아요.

Question   사서로서 가장 중요하게 생각하시는 업무 자세는 뭐라고 생각하시는지요?

제가 가장 중요하게 생각하는 직업 철학은 사서는 책을 대출·반납하는 기능인이 아니라 정보와 문화센터로서 도서관이 갖는 위상에 맞는 역할을 하는 정보전달자예요. 자부심을 품고 자기 주도성과 신뢰와 책임 있는 자세로 임해야 하는 게 무엇보다 중요하다고 봅니다.

Question 학교도서관 사서가 된 후 첫 업무에 대한 경험이 기억나시나요?

2012년 2월 봄방학 때 채용되었죠. 학교는 1년 단위가 '3월에서~ 다음 해 2월'입니다. 보통 학교도서관에서 2월은 다음 학년도를 준비하는 시기예요. 현재 학교도서관 첫 업무는 새로 입수된 영어 도서 300여 권을 정리하는 것이었어요. 도서관에 책이 새로 들어오면 정리 작업을 하는데 순서는 이렇습니다. 책에 장서인(도장)을 찍고 주제별로 분류해요. 영어책의 경우에는 Lexile 지수(영어 도서 수준 구분)를 확인 후, 등록번호 라벨을 붙인 다음 학교도서관 전산시스템(DLS)에 자료의 서지사항을 입력하죠. 그다음 청구기호 라벨을 출력해서 주제별 띠지와 함께 책등에 붙인 다음, 위치에 맞게 서가에 꽂아 놓습니다.

Question 학교도서관의 근무환경과 급여체계에 대해서 알고 싶습니다.

대부분 학교도서관은 학교에서 가장 쾌적한 공간이고 항상 책이 있는 곳이기에 물리적인 근무환경이 좋아요. 학교도서관에 대한 인식이 점점 나아지고 있지만 아직도 학교도서관의 필요성과 역할에 대한 인식이 부족한 상황이어서 연봉은 대기업체, 로펌 등에 비하면 적어요. 보통 교육공무직 공립 학교도서관 사서의 연봉이 2022년 기준 2,800만 원에 개별 호봉과 수당이 추가되는 수준이죠. 사립 학교도서관 사서는 소속 재단 규정에 따르지만 대동소이합니다.

학교도서관 사서 업무를 하시면서 가장 보람 있었던 때는 언제인가요?

학교도서관에 있는 영어 도서를 DDC(듀이십진분류법)을 통해서 주제별로 정리해 놓은 일입니다. 매원초등학교도서관에 와보니 7,000권 정도 되는 영어 도서들이 주제별 분류가 아니라 들어 온 순서대로 정리되어 있었거든요. 그때는 이머전(한국어와 영어 이중 수업)을 하고 있어서 온종일 일주일 내내 도서관에서 수업이 있었답니다. 그러다 보니 수업이 끝난 후부터 저녁 7시까지 영어 도서 주제별 정리 작업을 했어요. 새 도서를 정리하는 작업보다 몇 배 힘들고 시간이 많이 소요됐었죠. 이미 붙어 있는 라벨을 책이 파손되지 않게 깔끔하게 제거하는 작업이 가장 힘들었어요. 하루 2시간씩 퇴근을 늦추고 작업을 한 결과, 2년 만에 모든 영어 도서가 제자리를 찾았고 수업에 제대로 활용될 수 있었습니다. 그다음 6개월 동안은 영어 도서 Lexile지수(영어 수준)를 찾아서 표시하는 작업이었어요. 이렇게 2년 반 동안 진행된 주제별 작업으로 영어 도서들이 제자리를 찾아 서가에 꽂힌 모습을 본 영어부 교장 선생님께서 "한 사람의 힘이 이렇게 굉장하다는 걸 느꼈다"라고 칭찬해 주셔서 뿌듯했었죠.

사서 직업의 장래는 밝다고 보시는지요?

사회적으로 학교도서관의 필요성과 중요성에 대한 인식이 커지는 상황이어서 처우에 대한 부분도 조금씩 나아지고 있어요. 2년 전부터 서울은 학교도서관에 필요한 전담 인력을 '사서교사'로만 채용하고 있어요. 학교도서관을 염두에 둔다면 반드시 문헌정보학을 전공하고 교직을 이수해야 할 겁니다. 사서교사로서 근무한다면 '교사' 처우를 받는 것이기 때문에 연봉도 높아지죠. 방학 때에도 '공무원법 제41조 연수'로 쉴 수 있어서 휴식이나 자기 계발을 위한 시간을 갖기에도 좋은 조건이 될 거예요.

▶ 서가배가

▶ 도서관 행사

▶ 도서등록

퇴직 후에도
사서의 길을
계속 걷는다

Question **학교도서관 특성상 근무하시면서** 신체적으로 힘든 점도 있을 텐데요?

제가 근무하는 학교도서관을 기준으로 보면 근무환경은 1인 체제로 운영되므로 혼자서 모든 업무를 해야 해요. 특성상 도서관에서 수업도 하고 교사와 학생들이 정해진 시간 이외에도 수업에 필요한 자료를 찾는 경우가 빈번합니다. 그래서 늘 자리를 지키고 있어야 하기에 학교 쉬는 날 외에는 연차를 쓰기 힘들고 심지어 화장실 갈 시간조차 내기 힘들 때도 있답니다. 또한 점심시간은 학교도서관에서 가장 바쁜 시간이어서 수업이 점심시간 전후로 있는 경우엔 점심을 먹지 못하는 일도 생기죠. 도서관 이용시간표를 항상 염두에 두고 유연하게 대처하는 기술이 필요해요. 방학 기간엔 휴관일(5일 정도)을 제외하고 출근하는데 오전 근무만 합니다. 혼자서 매일 500명에서 800명이 넘는 학생들과 교직원들의 대출·반납업무를 해야 하기에 모든 사서는 회전근계파열 등과 같은 근골격계질환을 경험한답니다. 저 또한 회전근계파열로 6개월 정도 재활치료를 받았고요. 항상 컴퓨터를 사용하고 무거운 책을 들어 나르는 직업 특성상 무리하지 않도록 업무 일정을 짜놓아야 합니다.

Question **사서로 일하시면서** 새롭게 알게 된 사실은 무엇인가요?

'사서'라고 하면 가장 많이 듣는 말이 "책 많이 읽을 수 있어서 좋겠다. 책을 좋아하나 보다. 근무 시간에 쉴 시간이 많겠다."라는 말입니다. 이용자로서는 사서를 접하는 것이 대출·반납 업무이다 보니 그런 오해가 생길 수도 있겠죠. 저도 일을 시작하기 전에는 책 정리를 하면서 좋아하는 책도 읽을 수 있고, 커피 한잔하면서 여유를 느낄 수 있는 줄 알았답니다. 실제로 사서직도 다른 직장인들처럼 점심시간이 유일한 휴식 시간이에요. 그리고 독서 증진을 위해서 책과 관련한 다양한 문화프로그램의 기획, 홍보, 진행이 사서 업무죠. 이 부분이 가장 힘들고 노력을 많이 기울이는 업무예요.

　　사서를 대출·반납만 하는 사람으로 오해하는 경우가 있어요. 대출·반납업무는 수서(收書)*부터 정리까지 모든 업무를 마쳐야만 비로소 가능한 기능적인 업무일 뿐이죠. 실제 사서의 주 업무는 전공 지식, 다양한 경험, 지혜를 동원해야 가능한 업무랍니다. 사서가 컴퓨터 앞에 있다면 수서한 도서의 정리 작업을 하거나 행정 업무를 하는 중입니다. 또한 새로운 도서가 들어오면 수작업으로 도장을 찍고 난 후에 컴퓨터를 통해서 자료의 서지사항을 입력하기도 하고요. 이때 색인과 초록(抄錄)* 작업을 하게 되는데 이 작업은 책에 대한 정확한 지식을 바탕으로 하는 것으로 다소 까다롭고 시간이 많이 소요되죠. 이 작업을 잘해 놓아야 이용자가 필요로 하는 적합한 도서를 제공할 수 있어요. 사서라면 반드시 해 놓아야 할 업무입니다. 요컨대, 사서는 기능인이 아니라 전공 지식을 바탕으로 일하는 전문직이에요. 도서관학을 영어로 'Library and Information Science'라고 합니다. 즉 Library와 Information을 다루는 학문이죠. 프랑스에서 '직지와 외규장각 의궤'를 지켜 낸 박병선 등과 같은 사람들이 바로 사서입니다.

* 수서(收書) : 도서관에서 사서가 직접 선별하거나 이용자에게 구입 신청을 받은 자료를 구매나 기증 따위로 입수한 뒤 검수와 회계까지 처리하는 일련의 자료 입수 업무
* 초록(抄錄) : 필요한 부분만을 뽑아서 적음. 또는 그런 기록

Question 일하시면서 어떠한 스트레스가 있고 쌓인 스트레스를 어떻게 푸시나요?

저는 기본적으로 사서로서 일하는 걸 좋아해서 업무로 인한 스트레스가 거의 없지만 간혹 이용자들의 무례한 태도 때문에 당황스러울 때가 있어요. 이럴 땐 그 상황에 맞춘 심리학이나 자기 계발 도서를 읽곤 합니다. 아니면 식물을 가꾸면서 시간을 보내기도 하고요. 코로나19 상황 이전에는 좋아하는 장르의 영화를 보러 가기도 했었죠.

Question 퇴직 후에 어떠한 인생을 계획하고 계시는지요?

저는 5년 후에 퇴직합니다. 퇴직 후에도 70세까지는 사서로서 사회생활을 하고 싶어서 작년부터 계획을 세우고 실행해 나가고 있어요. 상황이 되면 작은 도서관을 운영해 볼 계획이고, 기존 작은 도서관에 관장으로 가는 것도 고려 중이에요. 제가 좋아하는 책과 제 적성에 맞는 도서관 일을 하면서 공동체 구성원으로서 사회에 좋은 영향을 미칠 수 있는 인생을 꿈꾸고 있습니다.

Question 앞으로의 비전을 이루시기 위해서 현재 준비하시는 일은 무엇인가요?

작은 도서관 운영을 위해 필요한 재정, 지식, 정보를 얻기 위해서 현황조사를 하고 직접 탐방해서 체험해보는 등 시간 나는 대로 사전작업을 하고 있어요. 뜻이 통하는 사서들과 꾸준하게 독서동아리 활동을 하면서 인맥과 실전 경험을 쌓고 있답니다. 온라인 시대를 넘어 비대면 시대가 도래한다고 하니까 요즘 교육청에서 받는 연수를 기반으로 지식과 기술을 익히는 중이에요. 블로그도 그러한 목적으로 다음 단계를 위한 출발선이라고 봐요.

Question **사서의 직업을 어떤 사람들에게 추천하실 건가요?**

직업으로서의 사서의 매력은 다양하고 새로운 지식과 정보를 첨단에서 다룬다는 점이죠. 시각이 한곳에 치우치지 않고 열심히 배우는 만큼 꾸준히 자기를 성장시킬 수 있는 업종이에요. 그것도 월급을 받으면서 말이죠. 자기의 욕심만 차린다거나 돈을 많이 벌고 싶은 사람이 아니라면 추천하고 싶은 직업입니다. 또한 우리나라뿐만 아니라 다른 나라에서도 할 수 있는 일로 세계적인 직업이죠.

Question **인생의 선배로서 청소년들에게 교훈 한 말씀 부탁드립니다.**

우리는 짧지 않은 인생을 살아갑니다. 인생에서는 속도보다 방향이 중요하다고 봐요. 정말 하고 싶은 일이 있다면 흔들리지 말고 포기하지 말고 자신의 길을 갔으면 좋겠어요. 스티브 잡스가 이런 말을 했죠. "사람들은 자기가 하는 일에 엄청난 열정을 품고 있어야 한다고 말합니다. 그런데 이것은 정말 중요한 사실입니다. 언젠가 자기가 하는 일에 정말 힘든 순간이 올 때 내가 내 일을 좋아하지 않는다면 그 일을 포기할 수도 있기 때문입니다."

어린 시절 다소 내향적인 성격이었지만 반장이나 회장을 할 정도로 학교생활에 적극적인 학생이었다. 중학교 때, 문예 대회에 나가서 수상했던 경험과 도서관을 이용하면서 도서관 공간 자체가 주는 긍정적 이미지 때문에 사서직을 선택할 수 있는 계기가 되었다. 대학 진학 후에 사범대 소속인 문헌정보교육과로 전과하면서 사서교사로 진출하는 기반을 마련하였다. 공주대학교 문헌정보교육과를 졸업하고 경상남도교육청 중등임용고시에 합격하여 경남 소속 사서교사로 14년간 근무하고 있다. 주로 중·고등학교에서 근무하였으며 학교도서관 운영과 독서교육을 담당하고 있다. 가장 최근 근무한 중학교가 행복학교였는데 도서관이 주축이 되어 타 교과와의 통합교육과정과 협력 수업을 이끌었다는 점을 인정받아 학교 대표로 행복학교 유공 표창을 받기도 하였다. 몇 년 전부터 다른 사서교사나 도서관 담당 교사가 활용할 수 있는 수업 자료집을 계발하는 모임에 참여하고 있으며, 올해부터 처음 초등학교에 근무하면서 그림책을 활용한 수업 연수도 하고 있다.

편혜리 사서교사

현) 언양초등학교 도서관 사서교사
- 교원임용고시 합격 후 경상남도교육청 소속 사서교사로 14년 재직
- 경상남도교육감표창 행복학교 및 행복교육지구 추진 활성화
- 경상대학교 교육대학원 국어교육과 수료
- 경상남도교육감표창 교실수업 개선
- 공주대학교 사범대학 문헌정보교육과 졸업

사서의 스케줄

편혜리
사서의
하루

* 현재 초등학교 도서관에서 근무하고 있으며 도서관 개방 시간은 8:40~16:40입니다. 주로 학생들은 점심시간을 이용해서 도서관을 이용합니다. 저의 메인 업무 시간이기도 합니다.

15:00 ~ 16:40
▶ 공문처리 및 도서관 환경 정리

07:00 ~ 08:30
▶ 기상 및 출근
08:30 ~ 09:00
▶ 아침 독서 시간 대비 도서 대출·반납 업무

13:50 ~ 15:00
▶ 반납 도서 소독 및 배가

09:00 ~ 11:20
▶ 정규수업
(주로 1, 2, 3교시에 1, 2학년 도서관 수업이 있습니다.)

12:10 ~ 13:00
▶ 점심시간 및 휴식 시간
13:00 ~ 13:50
▶ 5, 6학년 학생 점심시간

11:30 ~ 12:10
▶ 1, 2학년 학생 점심시간
(도서관 이용이 가장 많은 시간입니다.)

도서관에 대한 긍정적인 이미지가 사서로 이끌다

▶ 어린 시절

▶ 학창 시절 (댄스동아리)

▶ 학창시절(문예반)

어린 시절에 어떤 환경에서 어떻게 자라셨나요?

어린 시절 저희 부모님은 맞벌이하셔서 바쁘셨는데 전형적인 경상도 집안이라 아버지는 늘 과묵하시고 어머니는 엄하셨어요. 학업에 대한 기대도 크시고 많은 부분을 통제하려고 하셨죠. 자연스럽게 조용하고 차분한 성향이 되었지만 사실 내면에 억눌린 것이 많았나 봐요. 부모님 몰래 댄스 동아리에 가입해서 춤추는 것으로 일탈하곤 했지요. 학업에 대한 기대에 부응하고자 모범생 역할도 해내야 했기에 이쪽저쪽으로 바쁜 학창 시절을 보냈어요. 내향적인 성격이었지만 학교 활동엔 적극적으로 참여하는 학생이었죠. 초등학교부터 중학교까지는 반장이나 전교 회장같이 대표가 되는 걸 좋아했고요. 엄하신 부모님으로 인해 주눅 들고 차분한 성격인 듯 보였지만 나서기 좋아하고 관심받는 걸 즐기는 아이였죠.

Question ## 특별히 국어 과목을 좋아하셨던 이유가 무엇인가요?

미술과 음악을 좋아하고 국어를 특히 좋아했었죠. 중학교 때 국어 선생님을 정말 좋아했는데 그분을 보고 국어 선생님이 되고 싶다고 생각했어요. 다른 과목보다 국어만은 반드시 100점을 맞아야 한다는 마음으로 공부했으니까요. 국어 선생님께서 저를 문예 대회에 데리고 나가주셨는데 그렇게 많은 학생이 참가한 대회에서 처음 상을 받은 기억은 아직도 잊을 수 없습니다. 뭔가 처음으로 인정받는 기분이 들었어요. 문예반이 없는 학교였는데 국어 선생님께서 저와 몇몇 아이들을 모아 시와 산문을 쓰는 방법을 가르쳐 주셨어요. 선생님은 제가 사서교사가 된 것을 굉장히 자랑스러워하셨어요. 첫 발령 직후 일부러 학교로 전화해서 직접 확인하셨거든요.

Question **혹시 부모님이나 선생님이** 바라셨던 진로가 있었나요?

부모님이나 선생님은 진로에 대한 특별한 지침을 줄 수 있는 분들이 아니셨어요. 그저 열심히 공부해서 남들에게 자랑할 수 있는 명문 대학에 진학하길 원하셨지요. 안타깝지만 인터넷에도 많은 정보가 없던 시절이라 세상에 어떤 직업들이 있는지 모르고 있었어요. 장래 희망을 정한 아이들도 있었지만, 대부분 저처럼 자기가 무엇을 잘하는지 혹은 무엇을 좋아하는지를 모른 채 교실 게시판에 붙은 전국 대학 학과표를 보고 모의고사 성적에 맞춰 대학을 정하던 상황이었어요.

Question **중고등학교 학창 시절은** 재미있게 보내셨나요?

중학교까지는 시골의 작은 학교라 더러 전교 1등을 하곤 했어요. 하지만 우수한 학생들만 모아놓은 고등학교에 진학해 보니 제가 그리 뛰어난 학생이 아니더군요. 그때부터 공부에 점차 흥미를 잃고 동아리 활동에 심취했던 것 같아요. 고등학교 시절 댄스 동아리와 문예반을 동시에 가입해서 활동하느라 공부에 집중해야 할 시기에 정작 학업엔 소홀히 했던 것 같아요. 나름 시간을 쪼개서 최선을 다했지만 아마도 지금 고등학생들의 학업량에 비하면 많이 부족했을 거예요. 야간 자율학습을 밤 10시까지 하고 학원 갔다 집에 오면 새벽 1시가 되는 숨 막히는 루틴 속에서 그나마 동아리 활동이 없었다면 정말 지옥 같은 고등학교 시절이었을 겁니다.

Question **중고등학교 시절 사서** 진로에 영향을 주었던 경험이 있었나요?

저희 학창시절에는 '진로'라는 단어도 생소했습니다. 고3 담임께서 정해주시는 대로 학과를 고르고 성적에 맞춰서 대학에 가던 시절이었거든요. 제가 사서 직업을 택하게 된 것을 굳이 연관 짓자면 글쓰기를 좋아해서 책을 읽게 된 것 같아요. '쉿물 백일장'이라는 문예 대회가 있는데 거기에서 상을 받게 되어 시상식에 참석한 적이 있었죠. 그때 장원의 작품은 수상한 학생이 직접 낭독해주더라고요. 학생 문예 대회에서 남자친구와의 이별을 부재중 통화라는 소재로 표현을 했던 시였어요. 사실 상을 받는다고 좀 우쭐해 있었는데, 그 장원 시는 제 글이 너무 초라하다고 느끼게 했어요. 제 글을 낭독하지 않아도 되어서 다행이라고 느낄 정도였으니까요. 반복 훈련만으론 글쓰기 실력이 올라가는 데 한계가 있다고 처음으로 통감했던 경험이었죠. 충분한 밑거름이 없어서 뻔한 글만 쓰고 있다는 것을 저 스스로 느꼈던 것 같아요. 그래서 좀 뒤늦게 결핍을 채우고자 도서관에 다니기 시작했답니다. 특히 고등학교 도서관에 사서가 계셨는데 저런 직업도 있구나 하고 처음 알게 됐어요. 그런데 그 당시에는 사서 직업에 대한 큰 매력을 느끼진 못했어요.

Question **사서 직업을 선택하시게 된** 결정적인 이유가 무엇이라고 생각하시나요?

도서관에 대한 좋은 기억이 꾸준히 남아있어서 기회가 왔을 때 덥석 잡았던 거 같아요. 중학교 2학년 시절, 학교 대 선배님의 기부로 건립된 오래된 도서관이 있었는데 그 선배님의 호를 따서 송죽관이라는 이름의 현관이 붙어 있었죠. 대부분 학생이 그곳이 도서관인지도 모르고 있었어요. 구석진 곳에 규모가 아주 작은 도서관이었는데 도서관을 관리할 사람이 없어서 도서부를 모집한다는 말에 친구와 지원했었죠. 책은 얼마 없었는데 도서관 안에는 별도의 폐가제 문서고가 있었어요. 한자로 쓰여 읽을 수는 없었지만,

굉장히 중요해 보이는 책들이 보관되어 있었지요. 뭔가 귀중한 비밀을 혼자 알고 있는 것 같아서 신나게 구경했던 기억이 납니다. 예전에는 도서 뒷면에 종이 카드가 있어서 대출 반납 기록을 남겼거든요. 방학 동안 아무도 오지 않는 그 도서관에서 저 혼자 책을 빌리고, 그 책들 뒷면에 꽂힌 카드에 제 이름을 적어 넣으며 놀았답니다. 아마도 저한테는 독서보다는 도서관이라는 공간 자체가 주는 긍정적 이미지 때문에 이 사서직을 택하게 되지 않았나 생각합니다.

Question 사서가 되기 위해서 문헌정보학과에 진학하셨나요?

처음엔 '문헌정보교육과'에 진학한 게 아니라 전과(轉科)를 했어요. 수능 시험 결과가 만족스럽지 못해서 원하는 과를 진학하지 못했습니다. 그래서 차선책으로 택한 학과에서 영혼 없이 대학 시절을 보내고 있었는데, 그나마 다행인 것은 학점 관리를 잘해서 2학년 1학기 때 전과의 기회를 잡을 수 있었죠. 우연히 학교 홈페이지에서 사범대학으로 전과 신청 기간인 것을 알고 꼼꼼히 살펴보던 중 문헌정보교육과가 눈에 들어왔어요. 도서관 사서를 양성하는 학문이면서 사범대 소속이라 학교도서관 진출이 가능한 전국 유일의 학과가 우리 학교에 있었던 거죠. 물론 저는 교사가 되고 싶은 마음은 전혀 없었답니다. 공무원 시험에 대해 알아보던 중 일반 행정직과는 달리 사서직은 문헌정보학 전공자만 시험을 칠 수 있다는 것을 알게 되었어요. 논술과 면접을 본 뒤 전과 승인이 나서 2학년 2학기부터는 문헌정보교육과 학생으로 학교에 다니게 되었습니다.

문헌정보교육과로 전과하시고 난 후에 어려움은 없었나요?

전과하고 나면 지난 학과의 과목은 전부 교양으로 처리되어 남은 2년 반 동안 전공수업만 꽉 채워서 들어야 했기에 학점 관리의 부담이 매우 컸어요. 거기다 사범대학은 교직 이수 과정 때문에 교생실습도 나가야 했기에 거의 고3과 같은 하루를 보냈던 것 같아요. 더군다나 전과생이나 편입생들이 그렇듯이 신입생 때부터 함께해온 시절이 없었기에 이방인처럼 지낼 수밖에 없었죠. 모르는 것이 있어도 도움을 구하거나 받기가 참 난감한 상황이었어요. 임용고시를 앞둔 학생들이다 보니 다들 예민해져서 친구라기보다는 경쟁자로 느껴지기도 하니까요. 다행히 우리 과에는 저와 같은 전과생과 직장을 다니다가 다시 공부해서 편입한 동기들이 더러 있었어요. 그래서 스터디도 만들고 마음을 트고 지낼 수 있었죠. 하지만 고시생의 삶이란 다들 고달파요. 밥 먹는 시간도 낭비할 수 없기에 최대한 학식만 먹고 아침부터 저녁까지는 늘 학교에서 공부하며 보냈어요. 새벽에 인터넷 강의 스터디를 함께 듣고, 수업이 끝나면 틈틈이 도서관에서 임용고시 대비를 하였는데 그 당시 교수님께서 분 단위 일정표를 짜서 살아보라고 알려주셨어요. 그 방법이 저에게는 큰 도움이 되었고 당시 다이어리에 분 단위 스케줄과 그날의 일기를 꼬박꼬박 썼던 게 고된 시간을 버티는 데 큰 도움이 되었지요. 물론 지금도 탁상 일정표에 하루 업무 일정과 그날의 특별한 사건을 기록하는 습관이 있습니다.

글쓰기에 관심이 있으셨기에 대학 전공을 선택하는 데 수월하지 않으셨나요?

막연하게 글 쓰는 사람이 되고 싶다는 생각은 했었죠. 그 당시 '페이퍼'라는 잡지를 참 좋아했는데 문예창작과에 가서 잡지 에디터가 되고 싶다고 말씀드렸더니 부모님께서 글쟁이는 맨날 담배나 피우고 밥 굶는다며 매우 반대하셨어요. 그렇다고 부모님께서 반대해서 문창과를 가지 않은 건 아니에요. 저는 책을 많이 읽는 학생은 아니었습니다. 중고등학교 시절 지역 학생 문예 대회에 참가해서 더러 수상하긴 했지만, 그렇다고 자신

있게 글쓰기를 진로로 선택할 만큼의 수준은 아니었죠. 거기다 그 당시 선생님들은 수험생에게 독서는 사치라며 금지하셨고 두 가지를 동시에 감당하기엔 역부족이었던 탓에 저는 문예반도 그만두게 되었어요.

Question **문헌 관련 학과를 정하는 데 도움을 주신 분은 누구인가요?**

사실 제가 문헌정보교육과를 선택하기까지 영향을 준 멘토는 없어요. 우연한 기회로 전과 신청 기간에 홈페이지를 열게 되었고 즉흥적으로 지원하게 되었으니 치밀하게 계획을 세워 진로를 선택한 경우가 아닙니다. 실제로 사서교사가 되어야겠다고 마음을 굳히게 해준 건 같은 학과 동기들이었죠. 사실, 학과에 적성이 맞지 않아 복수 전공으로 진로를 바꾸거나 적응을 하지 못하는 대학생들도 많이 있답니다. 하지만 동기들 대부분이 학창 시절부터 사서교사가 되기 위해 꿈을 키워 이 학교에 입학하게 되었고, 도서관을 사랑하는 마음이 남달랐거든요. 그러한 동기들의 영향으로 저 역시 진지하게 교원 임용고시에 몰두할 수 있었죠.

Question **문헌정보교육과에서 가장 인상 깊었던 수업이나 경험은 무엇인가요?**

교수학습이론을 3시간 연강(連講)으로 하는 수업이 있었어요. 한 사람씩 돌아가며 실제 선생님이 된 것처럼 정장 차림으로 한 시간 수업 시연을 하고, 다른 학생들이 피드백 해주는 수업이었죠. 정말 열심히 준비했고 다들 진지하게 도움을 주고 조언을 해줬던 기억이 나네요. 그리고 방 안 가득 들어차 있는 칸막이 책상에 앉아 온종일 공부하는 생활은 정말 외롭습니다. 하지만 같은 꿈을 꾸는 사람들이 함께하고 있다고 생각하면 든든한 마음이 들었어요. 도서관을 사랑하는 동기들이 있어서 저도 제 길을 갈 수 있었다고 생각해요. 기적처럼 저희 동기 대부분이 졸업과 동시에 사서교사 임용에 합격하였고, 지금 각 지역에서 열심히 도서관을 가꾸고 살아가고 있답니다.

▶ 작가 강연회

▶ 수업하는 모습

교육과 학습을 위한
만인의
학교도서관

▶ 도서관 이벤트

사서교사로 임용된 후에 어떤 길을 걸어오셨는지 궁금합니다.

    2008년 경상남도교육청에 소속되어 진주고등학교, 함양중학교, 명신고등학교, 양산중학교에 근무했습니다. 첫 발령지인 진주고등학교 시절을 떠올리면 참 암울하네요. 지금도 크게 다르진 않지만, 14년 전에는 사서교사에 대한 인식이 전혀 없을 때라서 학교에서도 무슨 일을 맡겨야 할지 몰라 제가 스스로 일을 찾고 기획해야 했죠. 도서관 운영과 독서교육이라는 업무를 주는데, 구현하는 건 오롯이 사서교사의 몫이었고 지침서도 부족했어요. 교재 없이 주먹구구식으로 활동지를 만들어서 수업해야 했었죠. 거기다 학교에 딱 한 명씩 배정되는 비교과 교사이기에 때로는 소외되기도 하고 때로는 공공의 적이 되기도 했답니다. 지금 생각해보면 신규 교원 연수에서 배울 수 있는 건 별로 없었고, 전부 현장에서 부딪히면서 쌓아 올린 것들로 지금까지 버텨온 것 같아요.

사서교사의 역할과 학교도서관의 의미에 대해서 어떻게 생각하시나요?

    사서교사로서 책을 많이 읽는 것이 도움이 돼요. 학생들의 수준에 맞는 도서 정보를 많이 알아두고 교육과정을 익혀두면 필요한 도서 데이터를 연계하여 수업에 활용할 수 있죠. 저는 비교과 교사로서 학교에 이바지해야 하는 부분을 인지하고 유연하게 대처하는 방법을 익혔어요. 모든 조직이 그러하듯 한 가지를 내어주어야 얻는 것이 있더라고요. 그렇게 시간을 쌓아 친분이 생기면 도서관 활용 수업이라는 꽃을 피울 수 있거든요. 저는 여전히 대학 때 배운 그대로 학교도서관을 운영합니다. 학교도서관은 독서나 문화 강좌를 개설하여 교양을 증진하는 공간이라기보다는 수업을 위해 존재한다고 생각해요. 수업에 필요한 자료를 활용해서 교과 과제를 해결하기 위해 도서관이 필요한 것이죠. 학습 목표를 실현하고 깊이 있게 성취기준에 도달할 수 있도록 여러 자료를 지원하고 이용법을 지도하는 것이 사서교사의 역할이라고 봐요.

도서관에서 사서 자격이 없이도 일하는 사람이 있지 않나요?

일단 사서가 되려면 문헌정보학을 전공해야 합니다. 간혹 사서 직업 정보 사이트에 직장생활을 하다가 적성에 맞지 않아 사서가 되고 싶다는 문의 글이 올라옵니다. 도서관에 대출·반납이나 배가 업무(책을 책장에 배열하는 일)를 돕는 자원봉사자, 대체 군 복무자들을 사서로 오해하는 사람들이 있어요. 그래서 자격과 무관하게 취업이 가능하다는 오해가 있지만, 대학에 입학하든 편입하든 결국 문헌정보학 전공학위를 취득해야 사서직에 취업할 수 있습니다.

사서의 진출 분야와 그에 따른 준비 방법을 알고 싶어요

저와 같은 사서교사가 되려면 일반 대학 문헌정보학과에서 교직 이수를 하거나 공주대학교 사범대학 문헌정보교육과에 진학해야 합니다. 일반 문헌정보학과를 가면 학점 상위 1%에 들어야 교직 이수 자격 조건을 얻을 수 있어요. 사서는 직종이 다양합니다. 공공도서관, 대학도서관, 학교도서관, 사설도서관 외에 대기업, 병원, 방송국에도 사서가 고용되죠. 각 분야에서 요구하는 조건이 달라서 그 조건에 맞추어 외국어 자격증을 취득하거나 컴퓨터 관련 자격을 취득해 두어야 해요. 공무원 사서직의 경우 전공(자료조직개론, 정보봉사개론) 시험과 한국사, 국어, 영어 시험을 봅니다. 그리고 사서교사 임용고시를 준비한다면 전공 8과목(학교도서관 운영론, 독서교육론, 학교도서관 정보매체론, 정보봉사론, 정보검색론, 디지털도서관론, 분류론, 목록론)과 교육학 과목을 공부해야 해요.

도서관에서 사서의 역할에 대한 특별한 철학을 품고 있나요?

학교를 옮길 때마다 도서관 입구에 IFLA/UNESCO 학교도서관 선언문을 붙여 놓습니다.

▶ IFLA/UNESCO 학교도서관 선언문

도서관의 정의와 역할에 관한 선언이 많은데 저는 이 선언문을 가장 좋아해요. 특히 '책임 있는 시민으로 살아갈 수 있도록 한다'라는 부분을 강조합니다. 이는 부자든 가난한 자든, 누구에게나 읽을 권리가 있다는 의미이고, 올바른 시민으로 살아가기 위한 자질을 길러주는 역할과 기능을 강조한다고 느껴지기 때문이에요. 요즘 학교에서는 민주시민교육을 매우 강조합니다. 학교도서관도 이러한 교육적 가치를 반영하여 독서교육을 하고 있어요. 많은 학생이 부자가 되기 위해 공부하고 진로를 결정해요. 실제로 학생들과 독서 토론을 하다 보면 "돈이 최고예요. 10억을 준다면 대신 교도소에 갈 수도 있어요."라고 말하는 학생들도 있답니다. 돈 때문에 절대적으로 넘지 말아야 할 범법의 선 앞에서 고민하는 학생들의 모습을 가끔 볼 수 있죠. 이 때문에 저는 돈의 가치보다 정의, 윤리, 사랑, 희망, 연대, 공존 등의 가치에 관한 책들을 많이 읽혀요. 모두가 돈의 가치만 따르다 보면 범죄율이 증가하고 결국 그것이 자기의 삶을 위협한다는 사실을 문학을 통해 생생하게 보여줄 수 있거든요. 그리고 이 선언문에는 학교도서관과 사서교사의 역할에 대해 명확하게 정의하고 있죠. 저는 매일 출근하면서 이 문구를 보며 자기 암시를 해요. 그리고 다른 교직원과 학생들이 저에게 이러한 것들을 요구할 수 있음을 알려주기 위해 붙여둡니다.

현재 초등학교 도서관에 근무하고 있어요. 독서교육과 도서관 운영이 주된 업무죠. 독서교육은 사서교사가 단독으로 하는 정규수업, 타 교과 교사가 도서관을 빌려서 하는 도서관 수업, 사서교사와 교과 교사가 협력하여 진행하는 협력 수업이 있어요. 사서교사 단독 수업 외에는 비정기적으로 신청이 들어오거나 먼저 제안해서 진행하게 됩니다. 제가 제안하는 경우는 1년에 한두 건 있는데 주로 중요한 행사(저자초청강연회, 문학기행)를 앞두고 있을 때 관련 도서를 수업에 적용하기 위해 교과 교사에게 제안하죠. 학생들이 충분한 배경지식을 갖추고 참여해야 의미가 있는 행사가 되기 때문이에요. 교과 역시 특별한 경험이 수반된 수업이 되므로 오래 기억에 남는다는 이점이 있어 만족도가 높습니다. 행사용 도서를 선정할 때부터 교육과정을 살펴보고 어느 교과, 단원에 관련된 도서를 선정할지 고민하고요. 그리고 도서가 정해지면 도서 자료, 인터넷 자료, 인적 자료 등을 활용한 수업을 구상하여 교과 교사에게 제안서를 드립니다. 무턱대고 제안부터 하면 부담스러워하기에 교과 교사와의 소통과 유대가 중요하죠. 교사 독서 토론 동아리를 운영하면 교사들 간의 유대관계가 잘 이루어져요. 하지만 친밀감 형성은 교사뿐만 아니라 학생, 학부모와도 필요하거든요. 그래서 독서 동아리 3개를 운영하다 보니 한 달에 책 3권씩은 기본적으로 읽어야 합니다. 동아리 운영 후 문집을 만들거나 도서관 소식지를 발간하기도 하고요.

도서관 운영 업무에 관해서 자세히 알 수 있을까요?

연간 계획에 따라 도서를 구매하고, 신간 도서 관련 행사, 저자 초청 강연회, 문학기행, 방학 중 독서 캠프 등을 운영해요. 특별한 주제에 맞게 큐레이팅하기도 하며 새로운 독서 이벤트를 기획하여 운영하기도 하죠. 사람들이 사서 업무의 전부라고 알고 있는 기본적인 도서 대출·반납, 소독, 배가 등도 중요한 업무랍니다. 오류가 발생했을 때 많은 문제가 생기기에 학생 교육 차원에서도 철저하게 지도하는 편이에요. 이 업무는 도서부나 학부모 도우미들을 모집하여 도움을 받고 있어요. 도서부나 학부모 명예 사서 교육과 관리, 봉사 시간 부여나 업무 분담 또한 사서의 업무입니다. 매년 1회씩 장서 점검을 통해 전산 등록된 도서 정보와 실물이 일치하게 보관되어 있는지도 확인하고요. 이때 낡은 도서를 폐기하기도 하고 분실 도서를 확인하기도 합니다.

Question **사서와 사서교사는** 어떻게 다른가요?

사서와 사서교사를 같다고 생각하는 경우가 많아요. 사실 두 직종은 엄연히 다르며 쌍방 간에 교류도 안 됩니다. 흔히 저에게 공공도서관으로도 전근이 되냐고 묻는 사람들이 있어요. 같은 문헌정보학을 전공하여 진출하지만, 이용자 대상에 맞춰 강조하는 과목이 달라서 선발 과정부터 모든 체계가 달라요. 자기 적성에 맞게 신중하게 고민해서 선택할 필요가 있답니다. 사서교사는 주로 규모가 큰 학교에 딱 한 명만 배치됩니다. 그래서 혼자 큰 도서관을 운영한다는 면에서 장단점이 있어요. 모든 업무를 혼자 추진하기에 누구의 방해도 없이 기획하고 추진할 수는 있지만, 담당과 책임을 홀로 감수하는 특수 분야여서 다른 교사에게 도움을 받기 어려울 수 있죠. 모든 업무를 혼자서 하기에 노력에 비해 결과가 아쉬울 때도 있어요. 결국 다른 교사들과의 협업을 통해서 효과가 극대화됩니다.

학교도서관 사서교사로서 근무 여건은 괜찮은가요?

초등학교의 경우 하루 대출량이 엄청납니다. 전교생 1,000명에 100평 규모의 우리 학교도서관의 경우, 월요일 하루 대출이 300건에 달합니다. 아마 아직 사서교사의 수가 많지 않아서 소규모 학교에는 잘 배치가 되지 않을 거예요. 대부분의 사서교사가 저와 비슷한 근무환경이라고 보시면 됩니다. 책이 그 자리에 가만히 있는 것 같지만 도서관은 끊임없이 변화하는 유동적인 공간이에요. 그래서 매일 매일 달라져 있는 장서들을 제자리에 돌려놓는 업무를 게을리하면 이용자들이 불편을 겪게 되죠. 그래서 같은 일을 반복하는 것을 힘겨워하는 사람은 사서로서 일하기에 어렵다고 봐요. 또한 매년 독서 프로그램은 새롭게 기획해야 합니다. 작년에 했던 것을 반복하면 학생들은 지겨워합니다. 새로운 정보를 민감하게 받아들여야 하고 신간 동향도 빠르게 파악하고 있어야 하죠.

시대가 바뀌면서 종이책이 사라지고 도서관과 사서의 기능도 바뀌지 않을까요?

전자책의 등장으로 도서관이 사라질 거라는 말을 10년 전에도 많이 들었어요. 하지만 저는 종이책이 주는 질감을 좋아하는 사람들이 여전히 많을 거로 생각해요. 놀랍게도 독서율은 매년 낮아졌다고 하지만, 도서 매출량은 지난 10년간 단 한 번도 떨어진 적이 없다고 하네요. 사람들이 다양한 활동과 여가 중에도 독서의 끈을 놓지 않고 있다는 결론이 되지요. 요즘 학교도서관에는 무인 대출 반납기를 들여놓는 현대화 사업을 진행 중입니다. 아직 어린 학생들이 사용하기엔 오류와 고장이 잦아 난관이 많겠지만, 새로운 정보를 받아들이고 활용하는 방법을 숙지시켜야 하는 것도 사서교사의 역할이겠지요. 사서교사가 단순 대출 반납만 한다면 사장 직종이겠지만, 책을 통하여 한 인격을 길러내는 역할이 있는 이상 사서교사의 전망을 긍정적으로 평가해요. AI 기술력이 얼마나 빠르게 성장할지는 모르겠으나, 학생과 눈높이를 맞추고 대화 이면에 담긴 숨은 의도를 이해하고 내면을 들여다보는 소통은 유대감에서 비롯된다고 봐요. 적절한 자료를 함께 찾고 활용하는 방법을 가르치고, 자기만의 언어와 매체로 재창조하는 과정을 지도하는 사람이 사서교사이기에 AI로 대체되기는 쉽지 않을 거예요. 더군다나 독서의 중요성은 문자와 책이 탄생한 이후로 한 번도 강조되지 않은 적이 없었어요. 독서는 모든 학습의 토대이기에 절대적으로 중요한 영역입니다.

나는 행복한
사서교사입니다

▶ 문학 기행

▶ 방송국 체험

▶ 신규 교사연수

Question

사서교사로 일하시면서 새롭게 알게 된 사실은 무엇일까요?

사서교사가 되기 전엔 사서의 일이 정해진 도서관 업무만 하는 줄 알았어요. 실제로 사서교사는 학생들이 도서관을 찾게 하고 독서에 친숙하도록 동기부여를 하는 일이기에 정해지지 않은 일이 많아요. 또한 꽂혀 있는 책을 다루는 일을 하기에 사서라는 직업이 매우 정적인 일이라고 오해할 수 있지만, 사실 그렇지 않아요. 도서관은 유동적인 공간입니다. 수많은 사람이 오가고 책들은 수없이 돌고 돌아요. 그리고 오랫동안 이용되지 않은 책들을 분석하여 가치 있는 책은 재조명받을 수 있게 큐레이팅하고, 가치 없는 책들은 좋은 책을 고르는 데 방해가 되지 않도록 폐기하죠. 사서교사는 교육과정에 맞게 주제와 방향성을 가지고 도서관 자료들을 수집해야 하고, 수업에 적용할 수 있도록 교과 교사들에게 홍보하고, 직접 독서 관련 행사를 기획하여 학생들이 찾아오게 해야 합니다. 이러한 방안을 연구하다 보니 때로는 섭외 전문가가 되어 학생들이 만나고 싶은 사람을 초청해서 강연회를 열기도 하고, 책에 나온 배경지로 여행을 떠나기도 해요. 그리고 학생들과 함께 소식지나 문집을 발간할 때는 제가 편집장 역할을 하기도 합니다. 학교도서관에서 학생들과 만나는 사서교사는 내향적인 성향보다는 외향적인 사람에게도 잘 어울리는 업무라고 봐요.

Question 사서교사에 대해서 지니는 잘못된 편견은 어떤 것이 있을까요?

첫 번째, 사서교사는 가만히 앉아서 도서 바코드만 찍는다고 오해하시는 거 같아요. 이 오해 때문에 일반 교사와 임금의 형평성 때문에 논란이 되기도 하죠. 수업 시수가 적은 만큼 고유 업무의 강도가 높은 편이에요. 두 번째 오해는 사서교사가 독서교육만 한다는 생각이죠. 사실 문헌정보학 이름에서도 확인할 수 있듯이 사서교사는 정보를 활용하는 방법(미디어리터러시)을 가르치는 사람이에요. 도서관 활용 수업은 책만 가지고 하는 수업이 아니라 다양한 전자정보, 웹정보, 논문정보를 활용해서 필요한 정보과제를 해결하는 과정을 가르치죠. 따라서 교과 단원과 관련된 인터넷 정보원을 많이 갖추고 있고 검색한 정보를 새롭게 조직하여 다른 매체로 표현하는 일련의 과정을 수업에 적용합니다. 독서 팟캐스트를 만들기도 하고, 유튜브 채널을 개설하기도 하며 다양한 어플을 통해 도서관 행사를 기획하기도 해요. 세 번째 오해는 사서니까 모든 책을 다 읽고 나서 도서를 선정한다는 오해랍니다. 사서교사 일과를 보면 시간을 내서 책을 읽는 게 불가능할 때가 많아요. 독서 동아리를 3개씩 운영할 때는 벼락치기로 새벽까지 책을 읽어가곤 했을 정도로 근무 중에 책 읽을 시간이 나지 않죠. 수서(收書)할 때 출판사별로 보내주는 도서 목록과 소개 자료가 있어요. 그리고 여러 공신력 있는 기관에서 보내주는 목록집을 참고해서 도서를 선정하기도 하고요. 어떤 주제의 도서인지는 어렴풋이 기억하지만, 내용은 기억이 나질 않아서 요즘엔 큐레이팅할 도서들의 줄거리 소개 자료를 출력해서 표지에 붙여 두기도 해요.

 **중등학교에서 초등학교 사서교사로 오시면서** 어려운 점은 없었나요?

중등에서 오래 근무하다가 초등으로 왔을 때 어린이 이용자를 대하기가 어려워 스트레스를 많이 받았었죠. 어린 학생들은 청구기호를 가르쳐도 스스로 책을 찾을 수 없기에 일일이 찾아 줘야 해요. "재미있는 책 어디 있어요? 무서운 책 어디 있어요? 로미오와 줄리엣이랑 비슷한 책 있어요? 튀어나오는 책들은 어디 있어요?" 이처럼 정보 요구가 다양하고 명확하지 않아서 학생의 의도와 수준을 파악하는 데 어려움을 겪어요. 초등 수업이 다 그렇겠지만 특히 저는 저학년을 담당하고 있어서 한 번 설명으로 그치는 일은 없죠. 최대한 천천히 여러 번 설명하고 시범을 보여준 뒤에도 개별적으로 도와주어야 해서 진땀이 나죠. 이렇게 수업과 정보서비스 그리고 학부모 민원에 대응하면서 하루를 보내다 보면 참 아이러니하게도 책 속에 파묻혀 살면서도 책을 볼 시간이 없답니다. 신간이 들어오면 가장 먼저 손에 넣을 수 있지만, 분류하고 라벨 작업을 하면서 표지만 보고 마는 경우가 대부분이죠. 그리고 인기 있는 책이 들어와도 이용자들이 원하면 내주게 되니까 마치 맛있는 음식을 보고 입맛만 다시는 그런 느낌이랄까요?

Question **사서교사로서 가장 의미 있고** 기억에 남는 프로젝트는 무엇인가요?

'지구를 살리는 도서관 프로젝트'를 소개할게요. 국어, 도덕, 미술 교과와 연계하여 도서관 활용 수업을 하였는데 중학교 1, 2, 3학년 통합 과정으로 진행하는 대형 프로젝트였어요. 여러 교과서를 펼쳐 놓고 어떤 도서와 교과 단원을 연계시킬지 살펴보던 중, 기후 환경 변화와 코로나가 출판계에도 큰 영향력을 미쳤으니 올해의 책은 환경 도서로 정하기로 했죠. 그래서 기후 변화 단원이 있는 과목을 물색했는데, 다행히 거의 모든 과목에 환경 단원이 있어서 선택지는 많았어요. 도덕 선생님께 함께 하자고 제안했더니 흔

쾌히 수락하시더군요. 국어 교과에서 책 읽기 활동을 담당하였고 도덕 교과에서 자연을 대하는 가치 관념에 관한 환경 도서와 웹정보를 찾아 수업을 진행했어요. 학생들이 책을 읽고 새롭게 알게 된 정보를 포스터로 표현하여 교내 환경 운동을 펼쳤죠. 이것이 인스타그램을 통해 공유되었고 여러 지역에서도 참고 자료로 활용하게 되었어요. 그리고 환경 작가인 최원형 작가님을 모시고 교내 생중계 강연회를 진행했습니다. 작가 초청 강연회가 시작이었고 전교생이 최원형 작가의 도서를 읽고 환경에 관해 고민하고 실천하는 캠페인으로 이어졌죠. 이 프로젝트를 하면서 협업의 의미를 되새겼고, 많은 선생님과 여러 학년이 함께하니 정말 풍성한 교육활동이 되었답니다. 이 프로젝트로 그야말로 학교도서관이 학교의 심장일 수 있었던 행복한 한 해였죠.

Question 사서교사로서 앞으로의 비전과 계획을 듣고 싶습니다.

저는 임용고시 수험표를 아직 지갑에 넣고 다녀요. 시험을 치기 전 '나는 행복한 사서교사입니다'라고 적어두었는데 가끔 꺼내서 봐요. 저의 소소한 목표는 도서관 할머니가 되는 거예요. 그저 이 공간에 학생들 곁에 오래 머물고 싶습니다. 처음부터 사서가 꿈이 아닌 사람이었는데 일하면서 점차 제 일을 사랑하고 자부심을 느끼고 있거든요. 그래서인지 저와 제 가족들도 사서교사인 저를 자랑스럽게 생각한답니다. 명예퇴직이 꿈이라고 말하는 선생님들도 있지만, 저는 건강 관리 잘해서 정년까지 학교도서관에서 일하는 것이 목표예요.

Question 현재 새롭게 도전하시거나 업무 향상을 위해 하시는 활동이 있나요?

제가 올해에 학교를 옮기면서 초등학교에 처음 근무하게 되었어요. 그래서 그림책에 대한 정보가 매우 부족하고, 그림책을 활용한 수업 자료도 제가 직접 만든 게 아니어서 잘 맞지 않는 부분이 많아요. 그래서 현재 그림책을 활용한 수업 연수를 듣고 있어요. 그리고 몇 년 전부터 다른 사서교사나 도서관 담당 교사가 활용할 수 있는 수업 자료집을 계발하는 모임에 참여하고 있습니다. 학교별 운영 사례를 모으기도 하고, 제가 했던 프로젝트도 남기기도 하죠. 초임 시절 지침서도 없이 막막했던 경험을 떠올리며 열심히 하고 있어요. 그런 활동을 이어가다 보니 교육잡지 원고 요청이 간간이 들어 오더라고요. 사실 하루 업무와 육아도 바쁘고 누군가 내 글을 보는 것도 부끄럽지만, 학창 시절 글을 쓰고 싶었던 꿈이 아직 남아있나 봐요. 언제 어디서고 글을 쓸 기회가 있다면 꼭 참여하는 편이에요.

Question 사서교사의 직업을 주변 사람에게도 권하실 의향이 있나요?

저희 딸이 사서교사가 되고 싶다고 한다면 추천하고 싶어요. 첫째 딸이 제 영향을 받아서인지 책을 좋아하고 저와 성향이 비슷해서 잘 맞을 것 같아요. 물론 딸도 제 직업을 매우 자랑스럽게 생각해요. 사서교사는 말 그대로 사서와 교사의 일을 동시에 하는 사람이에요. 그래서 두 직업의 장점을 동시에 가질 수 있죠. 물론 두 직업의 단점도 동시에 따라오긴 합니다. 도서관 운영과 독서교육이라는 단순한 단어로 설명하기 힘든 부분도 있어요. 수많은 일을 기획하고 운영하는 사람으로서 때로는 배우가 되고, 때로는 부모가 되고, 때로는 상담사, 여행 가이드, 인테리어 전문가, 공연·전시 기획자, 유튜버 등 모든 것을 할 수 있는 사람인 것 같아요. 실제로 사서교사는 이런 일을 해야 한다고 메뉴얼에 명시해 놓은 것도 없어요. 학생들에게 책을 읽히고 성장시키는 일이라면 무엇이든 할 수 있는 일이죠. 책을 통해서 학생들을 만나 소통하는 직업이 바로 사서교사입니다. 저는 도서관에서 늙고 싶어요. 그만큼 만족도가 높고 자부심을 가질 수 있는 직업이라고 자신 있게 말할 수 있어요. 얼마 전 스승의 날, 몇 해 전 졸업생이 학교에서 유일하게 기억에 남는 선생님이 저라고 문자를 보내줬어요. 학창 시절 도서관에 대한 좋은 기억에 제가 미약하게나마 좋은 영향을 주고 있다고 생각하면 뿌듯한 감정이 올라오죠. 최근 저는 학생들과 팟캐스트를 개설했는데요. 저 역시 아이들과 함께 새로운 도전을 하기 위해 배우고 성장하는 중입니다. 이런 뜻을 품고 경험하고 싶은 사람이라면 적극적으로 추천합니다.

Question 사서를 희망하는 학생들에게 조언 부탁드립니다.

아마도 사서를 꿈꾸며 이 책을 집어 든 학생들에게 저는 좋은 멘토는 아닐 겁니다. 처음부터 사서를 꿈꿨던 사람도 아니고 특별한 재능과 노력을 통해 꿈을 이룬 사람도 아니거든요. 그저 우연히 발견한 기회를 즉흥적으로 잡아서 이 길을 걷게 됐는데 하다 보니 학생들 곁에 있는 것이 좋아서 즐겁게 일하고 있어요. 제가 수업 시간에 자주 하는 말이 있는데요. 학교에서 빌 게이츠를 만들고자 책을 읽히는 건 아니에요. 우리는 그런 원대한 꿈을 꾸지 않아요. 살면서 누구나 바닥을 치는 순간이 오는데, 그때 혹시 주변에 도움받을 사람이 없거나 누구에게도 말하기 싫다면 도서관에 가서 책을 보세요. 제목들을 흘러가듯 살펴보면 딱 지금 내 마음 같은 제목이 보일 겁니다. 독서는 그런 식으로 필요에 따라 시작하면 됩니다. 여러분에게 책이 지식을 과시하기 위한 수단이 아니라, 그저 평생 친구처럼 옆에 두고 꺼내 보는 그런 존재였으면 좋겠어요. 마치 의사나 상담사가 사람을 치료하듯 책에도 그런 힘이 있다고 믿어요.

어린 시절 바닷가 시골 마을에 살면서도 책에 대한 열정이 남달랐으며, 어렵게 책을 구하기도 하면서 방대한 양의 독서를 하였다. 글쓰기도 좋아하여 이야기를 만들어서 주변 친구들에게 들려주기도 하고, 교내 백일장에서 입상하기도 했다. 홍익대학교 국어국문학과를 졸업하였다. 이후 문헌정보학위를 취득한 후 경기대학교 교육대학원 사서교육을 전공하였다. 국어국문학과로 졸업한 후에, 경기대학교 교육대학원 사서교육을 전공하였다. 2009년 국회도서관 인턴 생활을 시작하였고, 이후 2010년부터 현재까지 학교도서관 사서로 근무 중이다. 2022년부터 명지전문대학 문정과 교수로 강의를 나가고 있으며, 북아트와 독서 활동과 관련하여 다수의 강의 경험을 쌓았다. 틈틈이 글을 쓰는 것을 좋아하여 개인 네이버 블로그 코끼리 사서로 많은 사람과 소통 중이다. 책을 매개로 사람과 사람 사이 잇는 사서라는 직업에 자부심을 품고, 도서관에서 만나는 사람 덕분에 즐겁고 행복한 나날을 보내고 있다.

박세지 사서교사

현) 용인 보라중학교 도서관 사서교사
· 명지전문대학 문헌정보과 출강
· 영원중학교, 안서초등학교, 영일중학교 도서관 사서 근무
· 국회도서관 인턴 근무
· 경기대학교 교육대학원 사서교육 전공
· 홍익대학교 국어국문학과 졸업
· 북아트 및 독서활동 관련 다수 강의
· 학교도서관 유공표창 (경기도교육감)
· 1급 정사서 자격증

사서의 스케줄

박세지
사서의
하루

12:30 ~ 16:40
- 신간 도서 구매 목록
- 도서관 홈페이지 관리
- 동아리 수업자료 제작
- 공문처리, 월별도서관
  이용통계
- 봉사활동도우미
  운영 관리
- 연체자목록점검 및
  문자 발송
- 소식지 제작,
  독서프로그램 기획
- 반납 도서 정리,
  파·오손 도서 정리,
  도서 수리, 도서관 청소

06:30 ~ 8:30
- 기상 및 출근

12:00 ~ 12:30
- 점심

08:40 ~ 12:30
- 도서실 개방 및 도서관 준비
- 컴알리미 학교도서관 이용
  시간표 확인
- DLS 독서교육종합시스템
  이용한 도서 예약 점검
- 대출반납이용자 서비스
- 도서관 활용 수업 교과
  도서 지원 및 이용자 참고 봉사

배를 타고
버스를 타고
책을 구하다

▶ 도서관 사서로 근무

▶ 대학생 시절

▶ 2009년 인도 배낭여행

▶ 사랑하는 우리 엄마

Question 어린 시절에 도서관이나 책을 가까이하셨나요?

저는 갯내 물씬 나는 바닷가 시골 마을에서 자랐어요. 초등학교에는 학교도서관이라는 공간 자체가 없었고 당연히 사서교사가 없었어요. 마을엔 공공도서관이나 작은 도서관도 없었고 비슷한 책 공간은 오로지 학교의 학급문고가 유일하였어요. 한 반에 30권에서 50권 미만의 학급문고 도서가 있었는데 학기 초 담임선생님께서 학생들의 기부를 받아 헌책으로 운영했어요. 평소 책 읽는 것을 너무 좋아해서 일 년간 학급문고를 다 읽는 게 목표였어요. 그 외 인기 소설이나 유명한 책은 읍내 서점에 가서 사 읽었어요. 읍내 서점은 배를 타고 나가 버스를 타야 했는데 편도 한 시간 반 정도 걸렸어요. 그 당시 동네에는 책 좋아하는 친구와 선후배끼리 모임을 만들기도 했고요. 읍내 서점에서 누군가 책을 사 오면 책값을 갹출해서 돌려 읽었답니다. 제가 당시 엄청나게 빠졌던 책은 탐정 만화책이었어요. 월간으로 발행되는 책이 있었는데, 읍내 오일장이 열리는 날 서점에서 책을 구매했어요. 간혹 그 책이 없어 허탕 치면 며칠 동안 마음이 울적하고 속상하였어요. 어렵게 구한 이 책은 집에서 소장하면서 심심할 때마다 읽고 또 읽었지요. 지금은 매일 새로운 책들이 쏟아집니다. 언제 어디서나 책을 쉽게 구할 수 있는 시대이지요. 그런데 오히려 그때보다 책을 덜 읽게 되는 것 같아요. 책이 절대적으로 부족하고 귀하던 그 시절, 책에 대해 더 맹목적으로 사랑에 빠졌답니다. 순수하고 열띤 마음으로요.

Question 학창 시절 특별히 좋아했던 과목이 있었나요?

국어와 역사를 좋아했어요. 특히 국어는 학기 초 새 교과서를 배부받으면 지문이 있는 부분을 쭉 모아서 한 번씩 읽어봤어요. 역사도 마찬가지였어요. 정말 재미있고 즐거운 과목이었어요. 중학교 때 역사 과목 담임선생님께서 우수 학생에게 역사 관련 도서를 선물로 주셨는데 당시 책 선물은 굉장히 특별한 경험이었어요. 30년이 지난 지금도 책을 선물 받았던 기분 좋은 따스함과 행복감이 또렷이 기억에 남아요.

중고등학교 시절 학교생활을 어떻게 보내셨나요?

초등학교 때는 전교 1~2등의 우수한 성적이었고, 전교 부회장도 맡았습니다. 하지만 중학교에 진학하면서 공부를 왜 해야 하는지 목표가 없었고 성실하고 꾸준한 학습 습관을 기르지 못했어요. 청소년기의 저는 좋아하는 과목만 집중적으로 파고들었고, 틈날 때마다 책을 읽었어요. 교우관계는 원만하였고 주변에 친구들이 항상 많았어요. 남을 웃기는 게 너무 좋아서 학창 시절 제 별명은 코미디언이었어요. 다른 사람들이 제 말에 웃으면 덩달아 행복해지곤 하였어요. 모두에게 상냥하고 유머러스한 사람이 되고 싶었습니다. 하지만 유머러스한 겉모습과 달리 뚱뚱한 외모 때문에 늘 자신감이 없었고, 또래 친구들을 동경하였어요. 동아리 활동은 중고등학교 모두 미술부였습니다. 그림 그리는 걸 굉장히 좋아했지만, 아마 학교에 도서관이 있었다면 도서부를 택했을지 모르겠네요.

Question **희망했던 진로 때문에** 부모님과의 마찰은 없었나요?

저는 어려서부터 책을 좋아하였는데, 그중에 최고는 단연코 만화였죠. 글과 그림이 주는 이야기의 즐거움에 퐁당 빠져들었어요. 덩달아 글쓰기도 좋아하여 매일 틈틈이 이야기를 만들어서 주변 친구들에게 들려주곤 했지요. 학창 시절 교내 백일장과 미술대회에서 입상을 자주 했는데, 대부분 장려상이었어요. 하지만 부모님은 학업 우수상 외에는 단 한 번도 칭찬해 준 적이 없었답니다. 저는 만화가가 되고 싶었지만, 부모님을 설득할 자신이 없었어요. 좋아하는 것과 잘하는 것은 다르니까요. 자연스럽게 주변의 뛰어난 친구들을 보면서 제 길이 아니라고 생각했지요. 안타깝지만 '도전'보다는 '포기'부터 배운 것 같아요. 부모님은 농사와 어업에 종사하셨는데, 자식들이 대기업이나 공무원 등 남들이 원하는 안정적인 길로 가길 바라셨어요. 저 역시 부모님의 생각에 자연스럽게 동조하게 됐고요.

중고등학교 시절 사서 직업에 영향을 준 경험이 있나요?

저는 그 당시 뚱뚱한 외모 때문에 상처를 많이 받았어요. 물론 주변에 저를 아껴주고 위해주는 사람도 많았지만, 슬프게도 저 자신을 사랑하는 법은 배우지 못했어요. 좋은 말보다는 항상 나쁜 말에 더 큰 영향을 받았어요. 그때 내 안에 결핍을 채워주는 것은 독서였어요. 우울한 감정을 건강하고 긍정적으로 치환하는데 책이 많은 도움이 되었죠. 그 당시에 읽은 책들은 오랜 시간이 지나도 또렷이 기억납니다. 중고등학교 시절 쌓았던 방대한 독서량은 제가 사서가 되는데 가장 큰 영향을 끼쳤어요. 책이 왜 좋은지 막연히 아는 것보다 그것을 직접 경험하고 느끼는 것이야말로 사서로서 가장 중요한 자질이라고 생각해요.

Question

고등학교 졸업 후에 사서와 관련한 학과에 진학하셨나요?

어학 계열의 독일어 학과에 진학하였고, 복수전공으로 문헌정보학과를 다녔어요. 하지만 수능점수에만 맞춰 입학한 대학교는 여러모로 저에게 맞지 않았어요. 당시 중고등학교 교육과정에는 진로와 적성을 탐색할 기회가 없었어요. 어떻게든 대학만 가면 모든 게 잘 될 거라는 순진한 생각을 하고 있었답니다. 2년을 다닌 후 많은 고민과 방황 끝에 국어국문과에 편입했어요. 국어의 궁극적인 즐거움은 바로 독서와 맞닿아있었으니까요. 이후 사서가 되기까지 여러 시행착오를 거쳤어요.

대학 졸업 후에 바로 사서교사가 되셨나요?

졸업 후 국어 보습학원 시간강사를 했어요. 이때가 제 인생에서 가장 암흑기였습니다. 무엇을 하고 싶은지, 좋아하는 게 무엇인지 모른 채 어른이 되어버린 그 대가를 톡톡히 치르게 되었어요. 매일 밤 불안하고 우울했어요. 그때 도서관에 다니면서 공부했는데, 당시 책이 주는 따스한 정서 덕분에 많은 위로를 받았어요. 언제부터인가 시험교재가 아닌, 도서관의 책을 계속 읽고 있더라고요. 책을 읽으면서 제가 진짜 하고 싶은 것을 탐색하며 마음의 안정과 충전의 시간을 가졌답니다. 이후 우연히 도서관 야간 아르바이트 공고를 보게 되었고, 운 좋게 합격했어요. 근무하면서 자연스럽게 매일 책을 빌려서 다독하기 시작했어요. 이때가 제가 살면서 짧은 시간에 가장 많은 독서를 한 것 같아요. 이후 운명처럼 국회도서관 인턴에 합격하여 1년여간 근무하면서 도서관 사서의 길을 확신하게 됐어요. 다소 늦은 나이였지만, 평생교육원을 통해 문헌정보학 학사학위를 취득하고 문헌정보학과 교육대학원에 진학하였습니다

사서는
학교도서관의
얼굴이고 대표다

▶ 독서 골든벨

▶ 독서교실

▶ 작가 사인

 **Question**

학창 시절 사서 직업에 관련된 활동이나 경험은 어떤 것이 있었나요?

아쉽게도 저의 학창 시절에는 진로나 직업과 연계된 활동이 전혀 없었어요. 또한 제 주변에 도서관도 전혀 없었답니다. 유일한 것은 학급문고와 읍내의 서점뿐이었어요. 다행인 것은 시골이라서 학원이 거의 없었어요. 덕분에 학교 수업 외에는 오로지 독서의 즐거움과 행복을 제대로 누릴 수 있었죠. 그 당시 학교와 동네 선후배, 친구들을 통해 다양한 책을 빌려서 읽었는데, 그 경험이 사서 진로에 가장 큰 영향을 주었어요.

Question

사서나 사서교사가 되려면 지금부터 어떻게 준비하면 좋을까요?

사서가 되기 위해서는 해당 학과를 졸업해야 해요. 졸업과 동시에 사서 자격증을 발급해줍니다. 사서 자격증은 준사서, 정사서2급, 정사서1급으로 나뉘어요. 준사서는 전문대 졸업 이상 및 사서교육원, 정사서는 4년제 학사학위 및 사서교육원, 1급은 석사 및 근무 경력에 따라 한국도서관협회에 신청해서 받을 수 있어요. 학교도서관은 공무직사서, 사서교사 이원화로 운영해요. 사서교사의 경우 반드시 일반 교원처럼 사서교사 교원자격증이 있어야 해요. 사서가 되고 싶으면 중고등학교 봉사활동을 하면서 틈틈이 경험을 쌓으면 좋아요. 학교에서 도서부를 신청하면 좋을 거예요. 대학생이 되면 근로장학생 도서관 아르바이트를 추천하고요. 사서는 책을 매개로 다양한 사람을 연결하는 직업이랍니다. 최근 경향의 시사와 트렌드를 분석하는 것도 중요하고, 미래 지향적인 정보와 데이터를 잘 다루면 매우 유용합니다. 그리고 무엇보다 책에 대하여 다양한 지식이 있으면 도움이 될 거예요.

학교도서관 사서교사로서 특별한 좌우명이 있으신지요?

도서관은 여러 종류가 있습니다. 국가도서관, 공공도서관, 작은 도서관, 병영도서관, 학교도서관 등 그 도서관의 목적과 역할이 모두 달라요. 특히 학교도서관은 각 학교에 단 1명의 사서교사를 배치합니다. 즉 1명의 사서가 1개의 도서관을 운영하는 셈이죠. 매일 1명의 사서가 수백 명의 이용자를 대면합니다. 그래서 저는 항상 후배 사서님들에게 그런 이야기를 합니다. "도서관에 온 이용자들이 가장 처음 만나는 것은 바로 사서 선생님이고, 바로 사서 선생님을 통해 학교도서관을 평가하게 된다"라고요. 이용자가 학교도서관에서 쌓은 친밀하고 긍정적인 유년의 경험은 평생 남아요. 따라서 사서교사로서 당당하고 책임감 있는 자세로 임해야 하죠. 우리가 바로 학교도서관의 얼굴이고 대표이니까요.

Question

현재 하시는 사서교사 업무에 관하여 자세히 설명해 주시겠어요?

저는 현재 중학교에서 사서교사로 근무하고 있어요. 도서관 운영과 독서교육이 가장 주된 업무예요. 도서관 운영은 도서관 운영 계획과 관련하여 봉사활동 조직, 도서 구매 및 배가, 장서 점검, 도서관 운영 시설 리모델링, 다양한 독서행사, 방학 독서교실, 소식지 발행 등이 있습니다. 독서교육으로는 한 학기 한 책 읽기, 교과 연계 추천도서 선정과 교과별 수업지원, 이용자 교육, 도서관 활용수업, 독서록 제작, 동아리 수업 등이 있어요. 그 밖의 업무는 학교마다 조금씩 달라요.

처음 사서로 일하셨던 경험을 나누어주시겠어요?

  사서로 처음 근무한 곳은 경기도 광명시에 전교생 100명이 채 안 되는 아주 작은 초등학교였어요. 학교는 60여 년 전에 개교했지만, 제가 오기까지 단 한 명의 사서도 없었답니다. 당시 도서관은 교실 반 칸 규모의 책 창고였어요. 첫 업무는 도서관 공간 재정비와 도서 전산화였죠. 매일 쓸고 닦으면서 도서관 환경을 마련하고, 전산화 작업을 진행했어요. 먼저 학교 DLS에 가입하여 시스템을 구축하고, 창고에 쌓여있는 모든 도서를 옮겨 라벨링 작업하고 마크 작업 등록하였습니다. 당시 도서관 운영비가 연간 50,000원으로 책정되어 여러모로 열악하였어요 안서초 모든 친구들은 처음 근무한 초보 사서선생님과 새롭게 단장한 작은 도서관을 진심으로 좋아해 주었답니다. 많이 힘들고 어려웠지만, 가장 보람되고 행복한 시간이었습니다.

Question **사서교사의 급여 수준과 직업적 전망에 대해서 알고 싶습니다.**

  학교도서관 사서교사는 일반 교사와 근무환경이 같아요. 다만 정해진 교과목이 없고, 수업시수는 학교마다 조금씩 다릅니다. 학기 중엔 08:40~16:40이 근무시간이며, 방학 중에는 연수를 통해 자기연찬*의 시간을 갖습니다. 연봉 역시 일반 교사와 같으며, 기본급 외 호봉에 따른 각종 수당을 받아요. 2021학년도 기준 초임 교사 연봉은 3,300만 원 수준이에요. 4차산업혁명의 시대에는 독서가 가장 본질적이고 기본적인 배움이라고 생각해요. 미디어 리터러시*, 문해력 등 교육 현장에서 학교도서관 중심으로 많은 변화가 이뤄지고 있답니다. 향후 정보전문가인 사서교사의 역할과 책임성이 더욱 높아지고, 도서관의 중요성도 두드러질 거예요.

* 자기연찬(自己研鑽) : 학문 따위를 깊이 연구하는 활동

* 미디어 리터러시(Media Literacy) : 다양한 매체를 이해하고 분석하고 평가하고 의사소통할 수 있는 능력

Question <u>학교도서관에서 근무하시면서</u> 새롭게 알게 되신 사실은 무엇인가요?

도서관 이용자였던 시절에는 몰랐는데, 관리자가 되어 보니 넓은 도서관 청소와 도서 정리의 어려움을 매번 느껴요. 일단 책 자체가 아주 무거워요. 매일 무거운 300~500권의 책을 서가에 꽂는 정리작업을 해야 합니다. 이용자 중에는 마구잡이식으로 책을 꺼내 아무렇게나 꽂아두거나, 숨겨두는 사례도 있어요. 책 사이사이 쓰레기를 버리기도 하고요. 쉽게 누구나 접하는 공공의 자산으로 망가트리고 훼손할 때가 많아요. 사서가 되기 전에는 항상 깨끗하고 잘 정리 정돈된 도서관의 모습만 상상하였는데, 지금은 그 이면에 보이지 않는 사서들의 노고가 더 먼저 보여요.

책으로
맺어지는 무수한
인연과 기회

▶ 책모임 시상

▶ 2017 광명시 독서마라톤 최우수상

▶ 아침독서 프로그램

Question

사서교사로서 부당한 오해를 받으시는 부분은 어떤 것인가요?

"편해 보인다. 대출·반납이 사서에게 가장 중요한 일이다"라는 편견과 오해를 많이 받습니다. 학교 현장에서도 마찬가지고요. 실제로 도서관 사서는 1인이 수백에서 수천 명의 이용자를 대상으로 서비스합니다. 책을 매개로 이용자에게 만족할만한 서비스를 제공하기 위하여 많은 열정과 노력을 기울이지요. 또한 시대 흐름을 읽기 위하여 다양한 시사와 인문 교양 지식을 꾸준히 습득해요. 대출·반납 업무는 이용자에게 보이는 극히 일부분의 일이에요. 사서는 정보전문가로서 도서관 운영에 관한 모든 업무를 총괄하고 기획한답니다.

Question

글쓰기를 취미생활로 하신다고요?

저는 블로그를 하고 있어요. 처음에는 사소한 일상의 낙서를 끄적이는 수준이었는데, 점점 글쓰기가 즐거운 취미생활이 됐어요. 일상의 사소한 기록이 모여서 어느 순간 제 삶의 발자취로 남겨졌어요. 아무리 즐겁고 행복한 순간이라도 나의 것으로 내면화하여 기록하지 않으면 아침 안개처럼 사라지는 것 같아요. 반대로 나쁜 감정도 영원하지 않아요. 한 번은
화가 나고 속상할 때 날것 그대로의 감정을 블로그에 비공개로 쓴 적 있었어요. 아궁이의 장작처럼 타올랐던 감정은 시간이 지나면서 사라진 상태였어요. 감정은 사라졌지만, 내가 쓴 글은 남는다는 걸 깨달았어요. 글을 쓰다 보면 객관적으로 나를 성찰할 수 있어서 좋은 거 같아요. 글쓰기는 현재의 내가 좀 더 발전적이고 긍정적으로 성장하기 위한 토대가 되어줍니다.

사서로 일하시면서 가장 뿌듯하고 인상 깊었던 때는 언제였나요?

처음 근무했던 소규모의 안서초등학교에서 전교생 시집 만들기 프로젝트를 진행하였습니다. 처음부터 거창하게 전교생 시집을 만들 생각은 아니었어요. 저는 원래 시를 좋아했는데, 초등학교에 근무하면서 동시(童詩)의 매력을 새롭게 알게 되었답니다. 동심은 누구나 시인의 마음을 갖게 하는 거 같아요. 그렇게 동시의 매력에 푹 빠져서 방과 후 도서관 <수요일은 시요일>이라는 시 쓰기 교실을 직접 운영하게 되었어요. 매주 1회 아이들과 도란도란 마음을 소통하며 시로 표현하는 시간을 갖게 되었는데 어느덧 1년 동안 운영하다 보니, 아이들의 시가 많이 쌓였습니다. 이대로 혼자만 간직하기엔 너무 아까워서 결국 전교생의 참여로 시집 제작을 진행하게 되었죠. 드디어 반짝반짝 새 책 향이 피어나는 전교생 시집을 받았을 때 굉장히 기뻤어요. 시를 통해 아이들이 성장하는 모습을 보면서 정말 행복했어요. 지금도 그 시집은 제 책장에 보물 1호로 꽂혀 있답니다. 힘들 때마다 그때 아이들의 고운 마음결을 담은 시를 읽곤 해요.

Question **일하시면서 까다롭고 힘든 프로젝트도 있었을 텐데요?**

작은 학교 '책나눔 알뜰장터'는 아이들이 가장 고대하고 사랑하는 행사였지만, 사서로서는 굉장히 고되고 힘든 프로젝트였어요. 당시 책나눔 알뜰장터는 전교생을 대상으로 연말에 도서관에서 진행하는 벼룩장터였어요. 축제 몇 달 전부터 아이들에게 기부 물품을 받고, 그에 상응하는 엽전으로 교환하였습니다. 엽전 교환을 위해 매시간 아이들이 도서관에 북적여서 도서관 업무는 마비되었고, 엽띤 경쟁으로 아이들의 불만과 민원도 꽤 많았습니다. 축제 당일, 아이들은 신나게 그동안 저금한 엽전을 가지고 먹거리, 문구, 뽑기, 책 등 사고 싶은 것을 마음껏 구입했습니다. 행사 도우미 학부모들만 서른 명, 준비와 진행 기간만 석 달, 도서관 예산도 수백만 원이 들 정도로 연말 대규모 학교 축제였어요. 당시 초보 사서의 열정만으로 혼자 진행하였답니다. 지금의 저라면 좀 더 유연하게 교육과정과 연계하여 유의미한 교육공동체 모두의 독서 축제로 진행할 수 있을 것 같아요.

Question 사서로서 책을 매개로 다양한 접촉을 하시기도 하나요?

저는 학교도서관 사서로서 업무의 만족도가 매우 높아요. 책을 매개로 이용자와 만나는 일 자체가 행복감을 주기 때문입니다. 처음 십 년간은 '학교'라는 공간만 생각하며 사서직만 충직하게 바라보았습니다. 하지만 나이가 점점 드니까 도서관 사서의 넓은 의미에 다가가게 돼요. 지금은 '학교'라는 테두리 외에 '책'과 '도서관'이라는 주제로 외연의 확장을 하고 있답니다. 저는 업무와 관련성이 높은 <학교도서관저널>에 원고 섭외를 받아 글도 간혹 게재하고, 독서교육플랫폼 기관과 협의하여 어린이책 서평을 꾸준히 쓰기도 해요. 이러한 글쓰기는 현업의 나를 성찰하고 발전시키는 전환점이 되었어요. 그리고 지금은 겸업으로 2022년부터 명지전문대학 문헌정보과 강의를 나가고 있어요. 학교도서관 사서로서 정체성은 지키되, 책으로 맺어지는 무수히 많은 인연과 기회를 소중히 여기며 성장의 발판으로 삼고 있답니다. 학교도서관 사서로 오래 근무하면 어느 순간 물리적 한계에 부딪히며, 반복된 일상의 무기력에 갇히기도 해요. '도서관은 성장하는 유기체이다'라는 말이 있어요. 이 말은 바로 그곳에 일하는 사서에게도 해당합니다. 끊임없이 배움과 성장을 통해, 사서는 발전해 나갑니다. 그리고 그 도서관을 방문하는 이용자에게 더 좋은 서비스를 제공할 수 있습니다.

Question **사서를 꿈꾸는 청소년들에게** 따뜻한 응원 부탁드립니다.

이가을 동화작가님이 그런 말씀을 하신 적이 있어요. '세상에서 가장 좋은 직업 세 가지만 꼽으라면, 소방관, 우체부, 사서'라고 생각하신대요. 왜냐하면 사람들에게 행복을 건네주는 일이니까요. 저는 그 말에 동감합니다. 사서는 책을 매개로 사람들에게 안녕과 행복을 전해주는 보람된 일이에요. 모든 일이 다 그렇지만 '책'과 '사람'을 연결하는 이 직업은 반드시 마음이 시켜야 할 수 있어요. 책을 사랑하는 마음이 없으면, 절대 할 수 없는 천직이랍니다.

Question **진학과 진로로 고민하는 청소년들에게** 인생의 선배로서 조언 한 말씀.

사서로 일하면서 여러 가지 우여곡절이 많았어요. 특히 직장에서 부당하고 억울한 일을 겪을 때 과연 이 길이 맞는 것인지 자괴감이 든 적도 있었고요. 그때마다 드는 생각은 '직장이 아니라 직업'을 생각하며 버텼답니다. 박봉과 처우 때문에 힘들 수 있겠지만, 내가 선택한 사서로서의 직업적 소명과 보람은 밤하늘의 별과 같아요. 어두운 밤을 밝히며, 반짝반짝 빛이 납니다. 누구도 앗아갈 수 없는 저만의 소중한 별이랍니다.

청소년 여러분! 저는 학교 도서관 일을 10년 넘게 했어요. 그런데 급변하는 시대의 흐름 속에서 과연 10년 후에는 제가 어느 직장에 있을지 잘 모르겠네요. 확실한 것은 분명 두 손에 책을 들고, 도서관에 있을 거라는 점이에요. 여전히 사서라는 직업을 사랑하며, 살아가고 있을 거예요. "중요한 것은 속도가 아닌 방향"이랍니다. 여러분도 부디 자신만의 별을 찾기를, 평생을 설레며 가슴 뛰는 직업을 꼭 만나길 바랍니다.

어릴 적 다소 내성적인 성격으로 국어와 문학을 좋아했다. 중고등 시절 고전을 탐닉하였고, 사서가 돼서 도서관에 들어오는 새 책을 마음껏 만져보고 읽어보겠다는 기대를 품었다. 그래서 문헌정보학과에 진학하였지만, 오히려 학과활동보다는 부학생회장, 총여학생회장 등 학생회 활동을 하면서 대학 생활을 보냈다. 한성대학교에서 문헌정보학과를 졸업하고 주제 전문 사서가 되고 싶어서 대학원에서는 여성학을 공부했다. 대학원에서 수학하면서 아르바이트로 보습학원에서 일했는데, 그때 만난 학생들이 좋아서 2010년 학교도서관으로 진로를 변경하게 된다. 경기도 고양시에 있는 목암중학교를 거쳐 고양교육청 교육공무직 사서 공개채용에 합격하여 삼송초등학교로 발령 났다. 현재 경기도 고양시에 있는 화수초등학교에서 사서로 근무하고 있다. 중학교 도서관에서 근무했던 시절도 즐거웠지만, 지금은 초등학교에서 계속 일하고 싶을 정도로 초등학생들의 매력에 푹 빠져 있다. 매일매일 하나씩 귀엽고 깜찍한 일이 일어나는 것에 감사하며 일하고 있다.

권혜진 사서

현) 경기도 고양시 고양화수초등학교 사서
• 고양시 삼송초등학교, 목암중학교 사서
• 서울 개운, 성재중학교 사서
• 이화여자대학교 일반대학원 여성학 전공
• 한성대학교 문헌정보학과 졸업

사서의 스케줄

권혜진
사서의
하루

18:00 ~ 23:00
▸자유시간, 독서
24:00 ~
▸취침

07:00 ~ 08:30
▸기상 및 출근

16:00 ~ 16:30
▸도서관 정리
16:40 ~ 17:30
▸퇴근 및 저녁식사

08:30 ~ 08:45
▸도서관 개방
  대출·반납 및 열람
08:50 ~ 12:10
▸도서관 수업 지원
  대출·반납

13:30 ~ 14:10
▸6교시 및 하교 시간
14:40 ~ 16:00
▸서류 업무 처리
  공문 처리, 서가 정리

12:10 ~ 12:40
▸점심시간

* 초등학교는 학년마다 요일별로 하교 시간이
  달라서 요일별로 오후 붐비는 시간이 달라요

대학생이 되면서
세상 밖으로
나오다

▶ 어린 시절

▶ 고등학교 시절 친구와

▶ 대학원 시절

▶ 고등학교 시절 수능을 치르고

Question 어린 시절에 어떤 성향의 아이였나요?

소심하고 내성적인 아이였어요. 두 살 터울의 여동생, 일곱 살 어린 남동생이 있어요. 여동생은 반장을 도맡아 하고 활달했지만, 저는 학교에서 말 한마디 하지 않고 집에 돌아온 적도 있을 정도였죠. 특별히 우울하다거나 학교생활에 적응하지 못해서가 아니라 원래 그런 성향의 아이였던 것 같아요.

Question 어릴 적 특별히 흥미를 느끼셨던 분야가 있나요?

국어, 문학을 좋아했어요. 좋아하는 것은 깊이 파고들지만 싫어하는 건 거들떠보지도 않는 성격이라 힘들 때가 있었죠. 수학 시간에 문학책 뒤에 수록된 단편소설을 읽다가 혼이 나기도 했고, 해야 할 일을 미루고 책을 읽는 일이 많았어요.

Question 중고등학교 시절 성적 관리나 관심 분야에 대해서 알고 싶습니다.

성적이 꾸준한 편은 아니었고 들쭉날쭉했던 편이었어요. 관심 분야나 좋아하는 일이 생기면 푹 빠지는 성격 때문이었던 것 같아요. 재미있는 책, 드라마, 만화 등 다양한 것에 관심을 가졌었는데, 주로 혼자 집에서 보거나 생각하는 일이 많았어요.

Question 진학이나 진로 때문에 부모님과 부딪치진 않으셨나요?

부모님은 저에게 특별히 직업이나 진로에 대해 말씀하지 않으셨어요. 스스로 재능과 관심을 찾으라고 하시는 편이셨고요. 그래서 이것저것 지원해주려고 노력하셨어요. 두 분 다 어렸을 때 공부하고 싶었는데 가난해서 못한 한이 남아있다고 말씀하셨거든요. 그래서 진학에 대한 것은 두말하지 않고 응원해주셨어요.

Question 중고등학교 시절 사서 직업에 도움을 줄 만한 활동이 있었나요?

책을 꾸준히 봤는데, 그중에서도 고전을 탐닉했어요. 교과서에 일부 짧게 실린 원본 소설이나 시조, 시를 어떻게든 구해서 다 읽어봐야 직성이 풀렸던 게 기억이 나네요.

Question 사서 직업에 관심을 두시게 된 이유가 있을 텐데요?

기본적으로 책 읽는 것을 좋아하기도 했고, 제가 학교에 다닐 때만 해도 도서관이 별로 없었어요. 그래서 미지의 영역이었기 때문에 그런 곳에서 일해보고 싶다고 생각했습니다. 무엇보다 사서가 되면 도서관에 들어오는 새 책을 마음껏 만져보고 읽어볼 수 있겠다는 기대가 가장 컸던 것 같아요.

Question 문헌정보학과에 진학하시면서 글에 관한 활동도 많이 하셨나요?

대학에 진학하고 나서 오히려 문헌정보학과와 관련된 활동을 많이 하지 못했어요. 1학년 때부터 과 대표로 활동했고 부학생회장, 총여학생회장으로 학생회 활동을 했습니다. 저의 내성적이고 소심했던 중고등학교 시절을 아는 친구들은 깜짝 놀라요. 대학교 때는 몇천 명 학생들 앞에서 소리도 치고 발언도 하고 그랬거든요. 고등학교 때까지 책에 갇혀 있었다면, 대학생이 되면서부터는 세상 밖으로 나왔다고 할 수 있겠네요. 책으로 읽었던 간접 경험을 휴학했던 기간까지 포함해서 졸업할 때까지 7년간 원 없이 직접 부딪히며 겪었답니다. 지금 생각하면 어떻게 그렇게 힘이 넘쳤을까 신기하기도 해요. 그래도 무사히 학사경고 하나 없이 졸업하고 대학원 진학도 했어요.

Question 대학 시절 사서의 진로에 영향을 주었던 경험이 있나요?

대학교 4학년 때 치렀던 선거가 기억에 남아요. 후보로 출마하고 선배, 후배, 동기들이 물심양면으로 함께 해주었는데 당선이 되니 그렇게 기쁠 수가 없더라고요. 책임감도 막중했고요. 무엇보다 학생회의 역할은 학생 스스로가 만들고 운영하는 자치의 장인데, 도서관이 그렇거든요. 이용자에게 지식정보를 연결해주어야 하는 거죠. 선거하면서 오히려 사서로서의 정체성과 역할도 깨닫게 되는 신기한 경험이었죠.

Question 대학을 졸업하고 대학원 진학하신 특별한 이유가 있으신지요?

졸업을 앞두고 스스로 돌아보니 학부 생활을 하면서 오히려 공부를 제대로 하지 못했다는 생각이 들었어요. 진득하게 앉아서 공부할 기회가 있었으면 좋겠다는 갈망 때문에 진학하게 되었습니다.

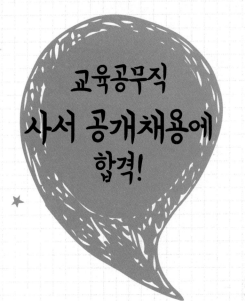

교육공무직
**사서 공개채용에
합격!**

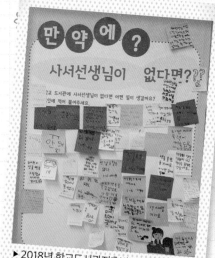

▶ 2018년 학교도서관진흥법 개정시 모든학교
에 사서 및 사서교사를 배치해야한다는 캠페인,
학생들이 생각하는 '사서가 없는 도서관'은?

▶ 도서관 비치 의견게시판

▶ 미국 플로리다주 여행 당시 찾아간 브라켓도서관

▶ 서가 정리중 도서부원이 찍어준 샤진

졸업하고 나신 후에 어떤 과정을 거치면서 걸어오셨는지요?

　2008년에 MBC 아카이브팀 1년 계약직으로 근무했었고, KISTI에서도 계약직으로 일했죠. 서울 성재중학교 사서로 일했는데 출퇴근 거리가 멀어서 퇴직하고 서울 개운중학교 2년 동안 사서로 근무했어요. 그러다가 경기도 고양시에 있는 목암중학교를 거쳐 고양교육청 교육공무직 사서 공개채용에 합격하여 삼송초등학교로 발령 났어요. 그리고 현재는 경기도 고양교육청 고양화수초등학교에서 사서로 근무하고 있답니다.

Question

현재 근무하는 학교에서 하시는 구체적인 업무를 알 수 있을까요?

　현재는 3월부터 폐기 작업을 시작하여 오래되고 낡은 도서는 폐기하고 28,000권 정도 소장하고 있죠. '장서 관리'란 대출·반납뿐 아니라 이용자들의 직접적인 희망 도서와 함께 많이 찾는 도서 중 소장하지 않은 도서들을 구매 예정 도서로 추가하는 업무랍니다. 또한 수서(收書)한 후 1~2년간 대출·열람이 되지 않는 도서를 폐기 예정 도서로 정리해두는 등의 작업을 포함합니다. 대부분 7월에는 여름방학 중이라 서가 정리를 해요. 서가는 고정되어 있어서 어린이들의 눈높이에 맞는 서가의 도서만 잘 대출되는 특징이 있어요. 그래서 상대적으로 낮거나 높은 서가의 책들은 사장되는 경향이 있기에 주기적으로 위치를 바꿔주어야 하죠. 낡은 도서와 맞춤법이 맞지 않는 오래된 도서, 그리고 과학 책의 경우엔, 폐기된 이론의 도서 등을 폐기하고 서가 전체를 이동해줍니다. 또한 여름방학 독서 교실도 예정되어있어서 준비하고 있어요. 곧 한국학교사서협회의 사서직무 연수 일정이 있어서 바쁠 거 같네요.

새로운 학년이 시작되면 사서 업무는 어떻게 진행되나요?

학교도서관 사서들은 보통 3월 첫 주 진급 처리부터 시작합니다. 학교도서관은 DLS라는 프로그램으로 대출·반납을 관리하죠. DLS는 독서교육종합지원시스템이라는 교육부에서 만든 프로그램으로 시도교육청별 관할이에요. 이 시스템의 학생 정보를 새 학년으로 업데이트해야 3월 입학하는 1학년과 새로운 학기의 원활한 업무가 진행된답니다. 그런데 이 DLS를 전국의 학교도서관이 사용하다보니 파일이 완벽해도 여러 번 실패해서 사서들이 항상 긴장해요. 저도 처음 학교에 출근하고 계속 진급 파일이 에러 메시지가 떠서 힘들었던 기억이 나네요.

Question **현재 근무하시면서** 기억에 남는 에피소드를 듣고 싶습니다.

4월 23일 '책의 날'에 기념 책갈피를 만들어 대출자에게 나눠주고 거의 다 소진되어 가던 참이었어요. 분명히 어제 받아 간 학생이 오더니 하나 더 받고 싶다는 거예요. 그래서 못 받은 다른 친구에게 기회를 주면 어떻겠냐고 물었더니, 자기가 가지려고 하는 게 아니라 어제 가져가서 사용해보니 너무 좋아서 친구에게도 소개하고 싶었대요. 그래서 웃으면서 하나 더 주었죠. 친구 손을 붙잡고 와서는 책을 망가뜨리지 않고 읽었던 부분을 금방 찾을 수 있어서 '완전 꿀템'이라고 친절하게 알려주기까지 하잖아요. 너무 귀엽고 예뻐서 한참을 쳐다봤어요.

Question **사서로 일하시면서 흐뭇하고 뿌듯하셨던** 경험도 있을 텐데요?

학생들과 만나고, 대화하고, 책으로 소통하는 것이 좋아요. 아이들은 갈 곳이 없거나 마음 둘 곳이 없을 때 보건실이나 도서실, 상담실, 복지실에 가거든요. 도서실은 그중에 가장 만만하죠. 자주 오는 아이들은 눈여겨보다가 말을 걸어봅니다. 불편해하지 않으면 친해질 수 있어요. 친해지면 갈 곳 없던 아이들이 학교에 마음 둘 곳이 하나 생기는 거예요. 그런 게 좋아요. 해리 포터 시리즈를 빌려 갔던 학생과 신나게 플뢰르 델라쿠르와 덤스트랭에 관한 얘기를 나누는 것을 보던 학부모님이 "이런 사서 선생님 처음 봐요"라고 했을 때 가장 뿌듯했던 것 같아요.

Question 사서로 근무하시면서 기억에 남는 경험을 공유해주시겠어요?

2014년 처음으로 초등학교로 발령받아 막막했는데 더더군다나 발령받은 학교가 이전 신설교였어요. 규모도 약 100평 정도로 매우 큰 곳이었죠. 서가부터 컴퓨터, 대출반납대, 바코드 리더기 등 집기 하나하나를 제 손으로 선택하고 구매하여 구성한 도서관이었죠. 처음엔 막막했는데 함께 계셨던 선생님들도 도와주시고 동료 사서 선생님들의 조언을 받았어요. 학부모 도서부원으로 활동해주셨던 어머님과 아버님들도 큰 도움이 되었고요. 마침내 밝고 예쁜 도서관이 되어서 학생들과 선생님들 모두 좋아했던 기억이 납니다.

Question 사서의 근무 여건과 향후 직업적 전망에 대해서 들을 수 있을까요?

공공도서관과 달리 주말 출근이 없다는 점이 가장 좋아요. 아침에 일찍 출근하지만, 휴게시간 없이 점심시간도 근무하기에 퇴근이 이릅니다. 그래서 자녀가 있는 양육자분들이 선호하는 근무지예요. 연봉은 근속 수당을 빼면 2,700만 원 정도예요. 하지만 노동조합의 노력으로 2017년부터는 근속이 오래될수록 수당이 올라가고 학교 경력, 타 시도

경력이 모두 인정되고 있죠. 2018년 학교도서관진흥법이 개정되어 모든 학교도서관에 사서, 사서교사를 배치해야 합니다. 문헌정보학과의 인기가 높아진 것은 당연한 일이겠죠. 하지만 예산의 문제로 아직 사서, 사서교사를 현실적으로 모든 학교에 배치하는 길은 요원한 일이랍니다. 2019년 발표한 사서교사 채용 인원을 기준으로 계산해보았는데 500년이 걸리더라구요. 그래도 모든 사람이 노력하니까 조금씩 조금씩 바뀌고 있어요. 희망은 거기에 있는 거죠.

Question 사서 업무를 하면서 가장 기억에 남는 에피소드가 있나요?

제가 초보 사서일 때 법정 스님이 입적하셨고, <무소유> 책이 절판되어 이슈가 된 적이 있었어요. 도서관에 있는 법정 스님의 책을 모아 '법정 스님 작은 도서전'을 열었죠. 스스로 뿌듯해하고 있었는데, <무소유> 책이 사라진 거예요. 너무 허탈했죠. 설상가상으로, 학교로 전화가 왔는데 대구에 있는 학교의 사서 선생님인 거예요. 그 학교의 한 학생이 만화책을 대출했다가 분실해서 중고 서점에서 같은 책을 구매해서 가져왔는데 그 만화책에 우리 학교 장서인(도장)이 찍혀있었다는군요. 추측건대, 우리 학교 학생이 책을 몰래 가져가서 스티커를 떼고 인터넷 중고서점에 팔아버린 거예요. 도장은 어떻게 할 수 없으니까 그냥 내버려 뒀겠죠. 이런 일이 반복되니까 내가 뭘 하는 걸까 하는 생각이 들더라고요. 그때 '책따세'라는 곳에서 느티나무도서관의 관장님을 모시고 나눔 강연을 하길래 들으러 가서 이런 사연을 풀어놓고 하소연했는데 관장님이 그러셨어요. 그럴 때는 동료 사서들과 모여서 삼겹살을 구워 먹으라고요. 그래서 업무 스트레스가 많이 쌓일 때마다 동료 사서선생님들을 만나 밥도 먹고 차도 마시면서 업무 외적으로 풀려고 노력해요.

▶ 책의 날 행사 중 '도서관에 바라는 점'
응모함에 넣어준 사서선생님 그림

▶ 1학년 친구들이 선물로 그려준 사서선생님 그림

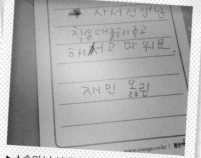
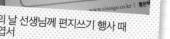

▶ 스승의 날 선생님께 편지쓰기 행사 때
받은 엽서

▶ 독서페스티벌 '책 읽는 사진 콘테스트' 예시 사진으로 한 컷

Question 사서가 되고 싶으면 어떻게 하면 되나요?

사서가 되려면 사서 자격증이 필요합니다. 사서 자격증은 준사서 자격증, 정사서 자격증으로 나뉘고 3년제 대학 졸업, 4년제 대학 졸업 여부에 따라 달라져요. 또 경력이 쌓이면 정사서 1급으로 승급하게 됩니다.

Question 학교도서관에 전문 사서가 배치되기까지의 역사가 있을 텐데요?

'Freedom is not free' 자유는 공짜가 아니라고 하죠. 모든 것은 거저 얻는 것이 없어요. 평화로워 보이는 도서관도 설립하기 위해 힘겨운 노력의 역사가 있었고, 학교도서관도 '학교에 도서관이 왜 필요하냐?'라는 편견과 싸워야 했죠. 사서가 한 학교에 한 명씩은 있어야 한다는 생각이 법에 명시되기까지 사서들은 엄청나게 투쟁해야 했어요.

Question 사서 직업과 도서관에 관한 특별한 철학이 있으신가요?

도서관은 삶의 문제를 해결하는 곳이라고 봐요. 지식정보는 살아가는 데 필수이고, 기본적이고 핵심적인 정보를 도서관에서 얻을 수 있잖아요. 사서가 중요한 이유는 책으로 잘 정리해놓은 정보를 이용자가 모를 수 있기에 그것을 이어주는 역할을 해야 하기 때문입니다. 그리고 실제로 학생들이 인생에서 처음 도서관을 접하게 되는 곳이 바로 학교도서관입니다. 앞으로 학생들이 살아가면서 어렵고 힘든 문제를 만났을 때 책을 통해 풀었으면 좋겠어요. 논문을 쓸 때만 책이 필요한 게 아니라 감정적으로 힘든 일이 있을 때도 도서관을 찾았으면 하는 마음이죠. 때로는 복잡한 마음을 내려놓고 가벼운 책을 읽을 때 오히려 문제가 해결되기도 하잖아요. 그런 경험을 학창 시절부터 하다 보면 생각이 넓고 마음이 깊은 사람이 될 거라고 믿어요.

사서에 대한 오해 때문에 언짢을 때도 있으시죠?

"사서들은 책 많이 보겠네. 사서는 일하기 편하죠? 근무시간에 책이나 보고 좋겠다"라고 하는 말이 제일 듣기 싫은 오해죠. 물론 책은 많이 봐야 하지만 보고 싶은 책이 아니라 '봐야 하는 책'을 봅니다. 권장 도서 선정을 위한 학생용 도서나 학생들이 읽어도 괜찮은 책인지, 희망 도서로 신청이 들어왔는데 구매해도 좋은 책인지 식별하기 위해 미리 읽어보는 거예요. 가장 귀여운 오해는 '이렇게 많은 책을 빌려주셔서 감사합니다'라는 편지를 받은 적이 있어요. 아마 도서관에 있는 책이 사서 개인의 책인 줄 알았나 봐요. 1학년 학생의 편지였는데, 너무 귀여워서 혼자 웃었어요.

사서로 일하시면서 좌우명이나 목표가 있다면 말씀해주시겠어요

도서관은 열심히 일해도 티가 잘 안 나고, 일하지 않아도 티가 나지 않는 곳이에요. 사실 독서교육 자체가 당장 눈에 보이는 성과로 나타나는 것이 아니고, 도서관 업무란 것이 매일매일 해야 하는 집안일 같아서 항상 쓸고 닦아서 반짝반짝 윤이 나도 당연한 것처럼 여겨지거든요. 그래서 쉽게 나태해지고 안주할 수 있어요. 다른 사람이나 다른 사서와 비교하지 않고 어제의 나, 작년의 나와 비교해서 조금씩 성장하는 사서가 되는 게 목표랍니다.

앞으로 사서로서 새로운 계획이나 목표가 있으신지요?

지역 공공도서관이나 학교도서관 탐방 계획을 세우고 있어요. 코로나로 잠시 주춤하고 있었는데 지역 사서 선생님들과 다녀볼 계획이에요. 원래 틈틈이 외국 여행을 다니면서 여행지의 도서관을 방문하는 것이 취미였어요. 목적 의식적으로 다녀도 좋을 만큼 해외의 도서관들이 꽤 좋더군요. 일단 국내의 도서관부터 시작해보려고 합니다.

Question 사서 직업을 주변에 추천하실 건가요?

무엇보다 어린이를 좋아한다면 초등학교 도서관 사서에 도전해보라고 말씀드리고 싶어요. 도서관이 주는 매력에 이용자인 어린이들이 주는 기쁨이 더해지니까요.

Question 앞으로 이 시대를 이끌어갈 청소년들에게 교훈 한 말씀 부탁드립니다.

초등학생들의 장래 희망이 공무원, 건물주라는 말이 자조적으로 유행한 적이 있었죠. 적성이나 하고 싶은 일보다는 안정적인 일자리나 급여 수준으로 장래 희망을 선택한다는 것은 슬픈 일이니까요. 제가 중·고등학교에 다닐 때는 학교에 도서관이 없었어요. 그래서 당연히 학교도서관 사서라는 직업이 없었겠죠. 학교도서관 사서는 저의 장래 희망 목록에는 없었던 직업입니다. 한때 사서는 미래에 없어질 직업 상위권에 매겨지던 직종이에요. 그런데 지금은 어떤가요? 전국에 1만 개의 도서관이 새로 지어지고 경기도에만 학교도서관이 2천 곳이 넘어요. 학생 수가 감소하고 있긴 하지만, 여전히 학교에는 도서관이 있고 사서와 사서교사도 필요하죠. 미래는 어떻게 될지 모르는 거예요. 지금 유망한 일자리도, 지금 어른들이 안정적인 일자리라고 말하는 직업도 한순간에 어떻게 될지 누가 알겠어요? 중요한 것은 내가 좋아하고 잘 할 수 있고 적성에 맞는 일을 찾아가는 과정이라고 생각해요. 저는 책을 좋아했고, 사람들에게 의미 있는 책을 권하는 일에 보람을 느꼈어요. 그래서 사서가 되고 싶었고, 마침 학교에도 도서관이 생겨서 일하게 되었지요. 그 과정에서 힘든 일도 있었고 길이 막힐 때도 있었지만, 길이 없으면 내면 되는 것이죠. 처음부터 끝까지 나를 위해 만들어진 평탄한 길은 없으니까요.

초등학생 때부터 책 읽는 것을 좋아해서 관련된 상을 많이 받았으며, 중학교 때 도서부에 가입하여 행사 진행, 도서 등록, 대출반납 등 학교도서관 사서의 전반적인 업무를 익혔다. 또한 고등학생 때 도서관 활용 수업을 하였던 것이 현재 사서로 일하는 데도 도움이 되고 있다. 고등학교 졸업 후, 국어국문학과에 진학하고 문헌정보학을 복수전공하게 된다. 복수전공 신청과 동시에 대학도서관에서 근로장학생으로 일하다가 학술자료팀 근로장학생으로 선발되어서 졸업할 때까지 근무한 후 조교로 취업했다. 대학도서관에서 오래 근무하다 보니 학술자료팀, 학술정보팀의 업무까지 모두 익히며 사서로서의 기틀을 마련하였다. 이후, 시민단체가 위탁해서 관리하는 도서관 사서를 거쳐 중학교 사서의 길을 걸으면서 현재 동대문중학교 사서로 근무하고 있다. 또한 <초보 사서와 학교도서관> 블로그 운영을 통해 많은 사서 선생님들과 소통하고 있으며, 교육청에서 지원하는 독서프로그램 연구회도 운영 중이다.

배현정 사서

현) 동대문중학교 사서
· 구립 이문어린이도서관, 면목중학교
· 범한서적 수입부
· 한성대학교 학술정보관 학술자료팀 조교
· 한성대학교 국어국문학 전공 / 문헌정보학 복수전공
· 학교도서관활성화 교육장 표창 (서울시 동부교육지원청)
· 중랑구 독서문화진흥위원회 축제준비위원회
· 2급 정사서 자격증

사서의 스케줄

배현정
사서의
하루

22:00 ~
▶ 취침

06:00 ~ 07:30
▶ 기상, 출근 준비
07:30 ~ 08:30
▶ 출근

17:30 ~ 18:30
▶ 저녁 식사
18:30 ~ 22:00
▶ 휴식, 자기 계발

08:30 ~ 11:45
▶ 오전 업무

12:00 ~ 16:30
▶ 오후 업무
16:30 ~ 17:30
▶ 퇴근

11:45 ~ 12:00
▶ 점심 식사

국어국문학과에서
문헌정보학
복수전공

▶ 어린 시절

▶ 초등학교 졸업식

▶ 중학교 졸업식

Question **어린 시절** 어떠한 성향의 아이였나요?

활달하고 외향적인 성격은 아니었던 것 같네요. 초등학생 때는 친구들과 노는 것보다 책을 읽는 것을 좋아해서 관련된 상을 많이 받았던 기억이 있어요. 그렇지만 아주 얌전하고 조용한 성격은 아니어서 어머니께서 집안이 너무 조용해서 찾아보면, 제가 어디선가 사고를 치고 있었다는 이야기를 들은 적이 있어요.

Question **어린 시절 좋아했던 과목이나** 흥미를 느낀 분야는 어떤 것이었나요?

저는 교과목 중에는 국어 과목이 제일 재밌었어요. 특히 고전문학이 가장 흥미로웠죠. 고전문학 하나만 보고 국어국문학을 지원할 정도였으니까요. 흥미를 느낀 분야는 딱히 하나로 정해지지 않고 다양했어요. 피아노를 치거나 음악을 듣는 것을 좋아했고, 새로 나온 게임은 꼭 해 봤죠. 판타지 소설과 추리소설도 엄청 열심히 읽었던 기억이 있어요.

Question **어릴 때부터 사서 직업에** 관심을 두고 있었나요?

어릴 때 어린이집 생일파티에서 각자 장래 희망을 담아 노래를 부르면 친구들이 답가로 응원해주는 노래가 있었어요. 그때 저는 피아노 선생님이 되겠다고 노래를 불렀던 기억이 납니다. 어릴 때부터 피아노를 쳤었는데 그땐 피아노 치는 게 굉장히 재미있었나 봐요. 조금 더 컸을 때는 부모님께서 안정적인 공무원이나 교사를 하기 원하셨고, 저도 중학생 시기부터 가장 좋아하는 과목이 국어였기 때문에 막연히 국어 교사나 학원 강사가 될 거로 생각했어요. 책 읽는 걸 좋아해서 많이 읽기는 했었지만, 이렇게 책에 둘러싸여서 업무로 만나게 될 줄은 몰랐네요.

중고등학교 시절 성적이나 생활은 어땠나요?

성적은 무난했어요. 눈에 띄게 뛰어나지도 않고, 못하지도 않는 성적이었죠. 과목 편차가 심한 전형적인 문과 학생이었어요. 외향적인 성격이 아니어서 소수의 친한 친구들과 노는 것을 좋아했어요. 쉴 때 혼자 있는 걸 좋아했지만, 어릴 때부터 다녔던 교회에서 사람들 앞에 서는 활동들을 많이 해서인지 꼭 해야만 하는 일에서는 적극적으로 나서는 상반된 성향을 지니게 된 것 같아요.

중고등학교 시절 사서 업무에 도움이 될 만한 활동이 있었나요?

중학교 2학년 때 도서부에 가입했고, 3학년 때 도서부장을 맡게 되었죠. 알고 보니 제가 입학하기 1년 전에 도서부가 만들어졌더라고요. 당시 학교도서관은 사서가 배치되지 않아 국어 선생님께서 담당하시는 교실 한 칸의 작은 '도서실'이었어요. 행사 진행, 도서 등록, 대출 반납 등 학교도서관 사서의 전반적인 업무를 도서부 친구들과 함께 도맡아 진행했었죠. 당시에는 잘 몰랐지만 지금 와서 생각해보면 중학생 시절의 도서부 활동과 고등학생 때 도서관 활용수업을 해본 게 현재 사서로 일하는 데 도움이 되고 있어요. 제가 중학생 때 하고 싶었던 도서부 활동을 지금 도서부 친구들에게 권하고 싶어서 고민할 정도니까요. 고등학교 1학년 수업 중 창체 활동 때 도서관에서 조별로 주제에 맞는 자료를 찾고 정리해서 발표하는 수업이 있었는데, 지금 생각해보니 그 수업이 도서관 활용 수업이었어요. 당시 학교에서는 거의 하지 않던 형태의 수업이었는데 열정 있는 사서 선생님에게 아주 귀한 수업을 들은 셈이죠. 지금도 그 선생님께 많은 도움을 얻으며 일을 하고 있답니다. 지금 생각해보니 제가 초등학교 때 도서관은 수기로 대출·반납 카드를 작성했었고, 중학생 때는 알지도 못하던 MARC 작업을 어림짐작으로 맞춰서 책을 등록하는 등 뭔가 도서관의 정보화 흐름을 학생 때부터 직접 겪었네요.

고등학교 졸업 후에 바로 문헌정보학과에 진학하신 게 아닌가요?

처음엔 문헌정보학과가 아닌 국어국문학과에 진학했었죠. 1학년 겨울방학 직전에 복수전공으로 문헌정보학과를 선택하게 되었는데, 주변에 사서들이 많았던 게 영향을 준 것 같아요. 제 쌍둥이 언니가 저보다 먼저 문헌정보학과로 진학했었는데, 언니가 졸업해서 막 취업했을 때 제가 대학교 1학년 생활을 하고 있었거든요. 같이 어울려 놀게 된 친구들도 언니의 문헌정보학과 친구들이어서 문헌정보학과에 대해 자연스럽게 알게 되고 선택하게 되었죠.

대학도서관 근로장학생으로 일하시면서 어떤 유익이 있었나요?

대학교 1학년 겨울방학 때, 문헌정보학을 복수전공 신청함과 동시에 대학도서관에 근로장학생 신청서를 넣었어요. 어차피 문헌정보학을 공부할 것이고, 아르바이트는 해야 하니까 도서관에서 일하면서 실무를 공짜로 보고 배우겠다는 심사였죠. 지금은 대학도서관 근로장학생이 아주 인기 있는 근로활동 중 하나이지만, 당시에는 시급이라고 하기도 민망할 정도로 급여가 매우 적었고, 한 번 선발되면 졸업할 때까지 해야 한다는 조건이 있어서 선호하는 아르바이트가 아니었답니다. 덕분에 저는 손쉽게 학술자료팀 근로장학생으로 선발되어서 4학년 졸업할 때까지 근무하고 바로 조교로 취업했어요. 2~4학년 때 쉬지 않고 근무한 탓에 학과 활동도 거의 하지 못했고, 학과 친구들보다는 도서관 내 직원분들이나 조교, 근로학생들과 더 친하게 지냈어요. 근로활동을 하면서 복수전공까지 듣다 보니 수업 시간표를 짜는 게 어려워서 야간 수업을 듣기도 했죠. 도서관에서 오래 근무하다 보니 학술자료팀뿐 아니라 학술정보팀의 업무까지 다 배워서 도서관의 거의 모든 실무를 보고 배울 수 있었죠.

Question **학창 시절 사서 직업에 도움이 되었던 활동은 무엇이었나요?**

중학생 때 도서부 활동을 했던 게 큰 영향을 주었던 것 같아요. 지금에 비하면 아무것도 갖추어지지 않은 책 창고 같은 도서실이었지만, 당시 도서부 학생들에겐 아주 소중한 공간 이었어요. 점심밥도 10분 만에 먹고 뛰어 내려가 문을 열어 대출 반납을 하고, 새 책을 등록 하는 일을 했죠. 학교 축제 때 여러 전시 활동을 했던 것도 기억에 남네요.

Question **사서의 길에 접어들 때 가장 영향을 미친 사람들은 누구였나요?**

학교도서관으로 취업할 때 가장 많이 도움이 됐던 사람은 친언니와 친구들이었어요. 졸업 후에 바로 학교도서관으로 취업한 언니와 친구들을 통해 학교도서관이 어떻게 운 영되는지, 연봉이나 처우는 어떤지 가감 없이 보고 판단할 수 있었기 때문이죠.

저는 정말
사서로
일하고 싶어요

▶ 독서캠프 진행

▶ 면목중학교 초창기 도서관 이용교육
  (리모델링 전 불편한 책걸상)

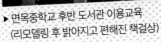

▶ 면목중학교 후반 도서관 이용교육
  (리모델링 후 밝아지고 편해진 책걸상)

Question 졸업 후 첫 직장은 어디에서 어떤 일을 하셨나요?

첫 직장은 대학교 학술정보관 학술자료팀이었어요. 도서관에 책이나 학위논문이 들어오면 검수 작업 후에 컴퓨터 등록 작업인 MARC*를 입력하는 게 가장 큰 업무였죠. MARC 입력 후에 바코드나 라벨 작업을 도와주는 근로학생들에게 업무를 가르쳐주기도 했었죠. 마지막 반년은 조교들까지 관리하는 연구원 직책을 맡게 되어 근로학생, 조교들을 관리하고 도서관의 다른 부서와 연계되는 업무들까지 직원들을 도와 지원하는 업무를 했어요.

* MARC(Machine Readable Cataloging) : 컴퓨터가 목록 데이터를 식별하여 축적·유통할 수 있도록 코드화한 일련의 메타데이터 표준 형식.

Question 외국 서적 업체에서 근무하시게 된 계기가 있었나요?

학술정보관 학술자료팀장님께서 추천해주신 곳이 외국 서적 납품업체였어요. 대학들로부터 외국 서적들을 주문받아 외국에 있는 지회사들에 주문을 넣고 입수 과정을 돕는 일이었죠. 이 회사에는 오래 다니지 못했는데, 대학도서관의 좋은 환경에서 일하다 보니 작은 회사의 복지나 환경이 마음에 차지 않았어요. 결정적으로 책을 만진다는 것 외에는 사서의 업무와 전혀 관련 없는 일이었고, 사서로 일하고 싶은 마음에 과감히 그만두게 되었죠.

처음으로 사서의 신분으로 일하셨던 직장은 어디였나요?

개관을 앞두고 사서를 뽑고 있던 작은 도서관이었어요. 이 도서관은 자치구에서 시민단체에 위탁해서 관리하는 도서관이었답니다. 그래서 사서 1명과 활동가 1명이 함께 근무하는 시스템이었죠. 12월 개관을 앞두고 있었기에 잘 운영되는 다른 도서관들을 견학하고 개관을 준비하는 일들을 맡았어요. 저는 사서로서 많은 일을 하고 싶은 욕심이 있었기에 열심히 일했지만, 도서관에서는 시민단체의 특성상 사서보다는 시민단체의 활동가로 일해주기를 원했어요. 도서관 고유 업무보다는 시민단체의 업무에 더 집중해주기를 원했던 거죠. 결국 도서관을 개관만 해주고 그만두었어요.

본격적으로 사서의 업무를 하시게 된 곳이 학교도서관인가요?

집 근처 중학교에서 사서를 구한다는 공고를 보고 지원하게 되었죠. 사서로서 일하고 싶다는 의지와 열정을 어필했어요. 감사하게도 면접이 끝나고 돌아가려고 교문을 나선 지 5분 만에 교장 선생님을 뵙고 계약서를 쓰자는 연락을 받았습니다. (당시에는 학교와 개인이 계약하였지만, 지금은 교육청에서 일괄 공고 후 서류 심사, 면접을 통해 뽑고 각 학교에 발령을 내는 시스템으로 바뀌었습니다) 학교도서관에 첫발을 디뎠을 때 거대한 책 창고 같다는 생각이 들었죠. 학교도서관이라기엔 너무 차가운 느낌이었어요. 다행히 교장 선생님께서 도서관 활성화에 관심이 아주 많으셨고, 도서관에 필요한 것들을 요청하면 빠른 시일 내에 마련해주시는 등 지원을 아끼지 않으셨어요. 이후로도 교장 선생님과 교감 선생님, 부장 선생님께서 여러 차례 바뀌셨지만, 모든 선생님께서 도서관에 지원을 아끼지 않으셨죠, 사서의 전문성을 인정해주시는 분들이셔서 행복하게 일할 수 있었죠. 올해 초 정기전보를 통해 오게 된 중학교 도서관에서도 좋은 선생님들을 만나 즐겁게 일하고 있답니다.

Question 사서나 사서교사가 되려면 꼭 대학에 다녀야 하나요?

도서관에서 일하는 사서가 되기 위해서는 반드시 사서 자격증이 필요해요. 사서 자격증은 2년제 대학(준사서), 4년제 대학(정사서) 문헌정보학과를 졸업하면 취득할 수 있어요. 또는 사서교육원(준사서)을 통해서도 취득할 수 있고요. 특별히 학교도서관에서 일하기 위해서 이전까지는 사서 자격증만으로도 가능했지만, 앞으로는 사서교사 자격증이 더욱 요구될 것으로 보여요. 사서교사 자격증은 4년제 대학에서 교직 이수를 통해 취득할 수 있지만, 최근 학부 과정에서의 교직 정원이 감소하는 추세이기 때문에, 교직으로 사서교사 자격을 취득하지 못했다면 교육대학원에 진학하면 됩니다.

Question 사서로서 새로운 마음가짐을 품게 된 계기가 있었나요?

'학교'라는 공간에서는 교사가 아닌 직원들도 교육에 참여한다고 생각해요. 아주 사소하고 작은 것이라도 말이죠. 교사도 아닌데 뭘 알아서 교육 활동에 대해 왈가왈부하냐는 이야기도 들어봤지만, 결국 '학교도서관에서도 교육은 이루어져야 한다'라고 결론을 내렸어요. 공공도서관이 아닌 학교도서관이기 때문이죠. 이런 생각을 가지게 된 것은, 제가 학교도서관에서 처음 사서로 일했을 때 만나게 된 교장 선생님의 말씀 때문이에요. 학교에서는 교사가 아닌 이상 교육 활동은 제한되어 있습니다. 학교도서관에서 일하는 사서교사와 사서의 가장 큰 차이점이라고 할 수 있는데요. 저 또한 이용 교육과 정보 활용에 대한 서비스를 제외하고는 특별한 교육 활동을 하지 않고 있었어요. 오히려 교사가 아니기 때문에 교육 활동은 하는 게 월권이라고 생각해서 하지 않았죠. 그때 교장 선생님께서 "학교에 있는 모든 어른은 선생님이고, 꼭 교사나 교육학과 관련된 가르침만이 교육이 아니다"라고 말씀하셨죠. 그동안 제가 '나는 교사가 아니니까'라는 말 뒤에 숨어있었다는 걸 깨달았죠. 사서의 역할도 학생들의 인생에 선하게 영향을 미칠 수 있다는 뜻으로 이해했어요. '학교'라는 공간에 어른으로서 사소한 것 하나라도 더 알려줘서 그들의 삶에 책이 함께할 수 있도록 지원해야겠다고 다짐했어요. 특히 활자보다는 미디어가 편하고, 누구보다 바쁜 학생들이 책과 도서관을 가까이하고 친근하게 여길 수 있도록 도와야겠다고 생각했죠.

Question **도서관 규정에 어긋나는 사례에 대해서 어떻게 대처하시나요?**

　어린이, 청소년 이용자들이 도서관 규정에 맞지 않게 행동했을 때 눈감아주고 그들의 편의를 무조건 봐주라고 말씀하시는 분들도 간혹 계세요. 또는 학생들의 편의를 위해 북트럭에 책을 싣고 학교를 돌아다니라거나, 학생증을 들고 다니기 힘드니까 그냥 이름으로 책을 대출해주라는 이야기도 들었죠. 물론 학생증 없이 이름으로 책을 대출해주시는 선생님들도 계세요. 하지만 학교도서관에서 도서관을 이용하는 방법과 규칙을 배워두어야 사회에 나가서도 도서관을 제대로 이용할 줄 아는 사회인이 된다고 생각해요. 저는 여러 번의 권고와 계도기간을 거친 후에 교수 활동에 문제가 되지 않는 한 도서관 규정을 지키도록 하는 편입니다. 수업 중 부득이하게 학생증 없이 빌려야 한다면 수업 시간에 와서 빌리는 것이기 때문에 교과 선생님의 검증하에 특별히 대출해준다고 이야기하죠. 대출과 관련된 도서관 규정으로는 반드시 학생증이 있어야 본인 확인 후 대출, 학생증을 친구에게 빌리거나 빌려주는 행위 금지, 연체 시 대출 제한 등이 있습니다. 이런 규정들은 연 초 도서관 이용교육 시간에 차근차근 알려주고 약 한 달 가량의 계도 기간을 통해 지키도록 안내하고 있어요.

Question 학교도서관에서 북페스티벌이나 다양한 독서 행사를 기획한 이유가 무엇인가요?

첫 학교에서 책을 어려워하거나 도서관을 가까이하지 못하는 학생들을 많이 만났어요. 책을 읽으라고 강요하기보다는, 학생들이 도서관을 가까이하고 책에 흥미를 느낄 방법을 찾는 것에 집중했었죠. 교육적 목적으로 꼭 독후활동과 연결 짓지 않고, 책을 읽건 어떤 활동을 하건 도서관에 가면 재미있고 얻어가는 게 있다고 느낄 수 있는 활동들을 모색했죠. 도서부 운영을 할 때도 독서 토론이나 독후활동이 아닌, 도서관 운영과 관련된 활동을 기획하고 직접 진행하는 등 동아리에서만 체험할 수 있는 활동을 마련했어요. 코로나 이전, 중랑구에서 매년 진행한 북페스티벌에도 도서부 학생들과 함께 부스 운영팀으로 참가해서 즐거운 추억을 쌓았던 기억이 나네요.

Question 학교도서관 리모델링에 관한 경험을 나눌 수 있을까요?

처음 학교도서관에 근무하게 되어 인수인계를 받으러 간 날, 너무 차갑고 책 창고 같았던 도서관을 보고 놀랐던 기억이 납니다. 제가 중학교 다닐 때나 썼을 것 같은 거대하고 딱딱한 책상과 의자를 보며 이것만큼은 꼭 바꿔주고 이곳을 떠나고 싶다고 생각했었죠. 다행히 뜻이 맞는 교장 선생님을 만나 두 차례의 리모델링을 진행했고, 세련되고 멋지진 않아도 따뜻하고 편안한 도서관을 만들어주게 되어 기뻤어요.

▶ zoom을 이용해서 비대면 도서부 회의를
하고 있는 모습

▶ 도서관에서 근무 중

▶ 사랑하는 가족과 함께

▶ 게더타운을 이용해서 도서부 학생들과 활동하는 모습.
잘 찾아보면 방탈출 같은 게임을 즐길 수 있습니다.
(https://gather.town/invite?token=d62nPPua)

학교도서관 사서로 일하시면서 애로사항도 있을 텐데요?

학교도서관은 1인 사서로 근무하기 때문에 도서관 전반의 운영을 사서가 모두 알고 진행하게 됩니다. 도서관이라는 특별실에서 따로 근무하기 때문에 사서가 어떻게 일하고 있는지 티가 나지 않아요. 학생들이 없는 수업 시간엔 편하게 논다던가, 이용자가 없으면 할 일이 없다는 둥 여러 오해를 받곤 하죠.

Question **학교도서관 사서의 길에** 열정을 품으시는 이유가 무엇인가요?

사서로서 일한다는 것 자체가 정말 좋았기 때문입니다. 특히 학교도서관은 1인 사서 체제이기 때문에 사서로서 역량을 펼쳐 보이기 좋은 곳이에요. 제가 일하는 만큼 도서관이 발전하고, 학생들이 성장하는 것을 볼 때 성취감이 느껴져 더 열심히 일하게 되는 것 같아요.

Question **사서에 대한 오해에 관해서** 자세한 설명 부탁드립니다.

1. 사서는 앉아서 책 읽는 우아하고 한가한 직업이다?

사서는 힘든 일 없이 앉아서 커피 마시면서 책 읽는 게 좋아 보이고, 자신은 몸도 약하고 책 읽는 걸 좋아하니까 사서가 되고 싶다는 얘기를 종종 들어요. 하지만 사서로 일하는 많은 분이 손목, 어깨, 허리, 다리 등 관절에 무리가 가는 등 병을 달고 삽니다. 함께 일했던 지역사회전문가 선생님께서는 사서는 3D 직종이라고 말하기도 했어요. 또한, 사서가 앉아서 책을 읽는 일은 극히 드물어요. 우스갯소리로 사서는 책 표지와 목차, 서평만 읽는다고 합니다. 만약 사서가 앉아서 책을 읽고 있다면, 독서프로그램을 위한 자료 준비를 하고 있다고 보시면 돼요.

2. 사서는 대출·반납이 주 업무이다?

학교도서관에서 대출·반납 업무는 눈에 띄는 일이지만, 실제로 사서에겐 보이지 않는 많은 일이 있답니다. 오히려 이용자가 있을 때는 대출·반납, 이용 안내, 참고 봉사 등을 하기에 다른 업무를 하기 어려워요. 이용자가 없을 때 장서 점검, 파손 도서 수리, 폐기작업, 책 위치 변경, 신간 도서 등록 및 라벨링 등의 일을 하죠. 또한 집중해서 해야 하는 공문 처리, 독서프로그램 기획, 참고 봉사 자료 제작 등의 업무를 하고, 학교 교육계획에 필요한 업무를 지원하기도 하죠.

3. 사서는 여자가 하는 직업이다?

여자들이 많이 하는 직업인 것은 부정할 수 없지만, 남자 사서분들도 많이 근무하고 있어요. 학교도서관의 1인 사서 체제 특성상 무게가 나가는 책을 옮기는 업무가 많고 시설 관리까지 모두 하다 보니 오히려 남자가 유리할 수도 있겠네요. 성별과 상관없이 누구나 할 수 있는 일이에요.

4. 사서는 자격증 없이 할 수 있는 직업이다?

예전엔 자격증 없이 봉사자분들이 학교도서관을 운영하셨지만, 지금은 사서 자격증 없이 학교도서관 사서직에 지원할 수 없어요. 또한 학교 사서로 근무하려면 교장 선생님이나 행정실에 아는 사람이 있으면 유리하다고 생각하는데, 전혀 근거가 없는 이야기죠. 자격증 없이 봉사자로 운영되던 시절에는 가능했을지 몰라도, 지금은 교육청의 공고가 나면 서류를 제출하고 면접을 봐서 합격해야 근무지로 발령받을 수 있답니다.

5. 사서는 조용하고 꼼꼼한 사람 또는 사람 만나는 걸 꺼리는 사람이 하기 좋은 직업이다?

그렇지 않아요. 사서는 오히려 사람을 좋아해야 할 수 있는 직업입니다. 책을 좋아하는 것도 물론 중요하겠지만, 정보를 요구하는 사람에게 정확한 정보를 담은 책을 연결해주는 역할을 해야 하기 때문이죠. 특히 최근 도서관은 문화센터의 역할도 많이 하기에 독서프로그램을 진행하는 등 사람 앞에 나서는 일이 많아졌어요. 더구나 도서관에도 민원인들이 많아요. 사람을 아예 만나지 않고 책에만 둘러싸여 일하는 사서는 거의 없습니다.

6. 사서는 모든 책의 내용을 알고 있다?

모든 책의 내용을 알지는 못합니다. 하지만 정보검색의 전문가로서 원하는 정보를 빠르게 찾아 제공하는 역할을 하죠.

7. 사서가 되기 위해서는 인문·사회 계열만 잘하면 된다?

사서는 만능 엔터테이너라고 생각해요. 인문·사회 계열뿐만 아니라 다양한 분야를 폭넓게 알고 있어야 이용자가 원하는 정확한 정보를 제공할 수 있겠죠. 많은 도서관의 운영이 전산화되어있고, 코로나19를 겪으면서 오프라인뿐 아니라 원격·온라인을 활용한 서비스가 늘어나고 있어요. 영상 제작, 메타버스 등의 기술에도 뒤처지지 않는 게 중요하다고 봐요.

Question 스트레스를 풀기 위한 취미나 여가생활이 있나요?

제가 요즘 빠져있는 취미는 '방탈출'입니다. 다양한 문제들을 풀고 스토리를 알아가는 재미가 있어요. 그래서 도서관에서도 방탈출이나 추리 게임과 관련된 행사를 기획하고 진행하고 있어요.

Question 학교도서관 사서로서 앞으로 어떤 계획을 품고 계시는지요?

학교도서관 사서로 일해보니, '사서는 외로운 섬'이라고 하시던 선배들이 말이 이해됩니다. 학교도서관에서 일하는 사서는 업무 부서에 배정되어 있지만, 도서관 업무에 관련된 일은 혼자 하게 되는 경우가 많거든요. 업무로 엮이게 되는 국어과 선생님들 포함해서 일부 선생님을 제외하고는 만나기도 쉽지 않고, 다른 학교 사서 선생님들과 의견을 나누기도 어려운 형편이죠. 연 2회 교육청에서 진행하는 사서 필수연수에서 얼굴 마주하는 것이 전부라고 해도 과언이 아니랍니다. 또한 학교도서관 사서들이 기계를 다루기 어려워하고, 새로운 기술이나 프로그램을 도입하는 걸 어려워하거나 꺼리는 모습도 보게 되죠. 학교도서관 사서는 승진의 개념이 없어서 스스로 공부하고 성장하는 걸 포기하고 안주하기 쉬워요. 저는 학교도서관 사서로 근무하며 겪었던 외로움이나 업무적 난관을 함께 나누고 공유하는 사서가 되려고 해요. 남들보다 앞서지는 못하더라도 뒤떨어지지 않으려고 노력합니다.

Question 사서로서 성장하고 발전하기 위해서 하시는 활동이 있나요?

개인적 만족을 위해 포트폴리오로 쓰기 시작한 <초보 사서와 학교도서관> 블로그 운영을 통해 많은 사서 선생님들과 소통하고 있답니다. 또한 교육청에서 지원하는 사서 연구동아리인 독서프로그램 연구회도 운영하고 있고요.

Question

사서 직업의 매력과 더불어 사서직을 추천할 의향이 있으신지 알고 싶어요

학교도서관에서의 사서는 도서관 운영을 전담하는 전문가입니다. 내가 일하는 만큼 발전하는 도서관을 보는 것이 꽤 재미있고 흥미로워요. 도서관을 모르던 학생들이 조금이나마 책을 읽고, 원하는 정보를 찾기도 하면서 어느새 도서관과 가까워져 있는 걸 보면 뿌듯하기도 하죠. 아마도 '성취감'이 학교도서관 사서로 일할 때 가질 수 있는 가장 큰 보상인 것 같네요. 스스로 무언가를 기획하고 진행하는 것을 즐기면서 보람을 찾고자 한다면 사서로 일해보는 건 어떨까요?

Question

진로로 고민하는 학생들에게 인생의 선배로서 한 말씀 해주세요

아직 꿈이 정해지지 않아서 고민하는 친구들이 많을 것 같아요. 저는 대학에 들어갈 때까지도 명확하게 진로를 결정하지 못했어요. 진로가 일찍부터 명확하게 정해진 학생들도 있겠지만, 당장 꿈이 없더라도 불안해할 필요는 없다고 생각해요. 다양한 분야에 대해 호기심을 품고 다양한 경험에 도전해보는 것이, 꿈을 꾸게 하고 앞길을 보게 해줄 거라고 믿어요. 사서를 꿈꾸고 있다면 근처의 공공도서관이나 학교도서관에서 봉사를 해보는 것도 좋은 경험이 될 거예요. 사서가 아니라도 꼭 도서관에서 여러분의 꿈을 찾길 바라요.

사서에게 청소년들이 묻다

청소년들이 사서에게
직접 물어보는 9가지 질문

국회도서관에서의 경험을 알고 싶어요.

국회도서관은 국회의 도서와 입법자료에 관한 업무를 지원해주는 조직 기구로서 국가도서관이에요. 국가도서관은 대한민국에서 발행하는 출판물을 입수하여 등록합니다. 이 의무납본제도에 따라 국회도서관은 학위논문과 공공간행물을 등록하는데, 이때 도서관에서 새 책을 가장 먼저 만나는 특별한 경험을 누렸죠. 입수 후 새 책은 '책 길들이기'라고 빳빳한 새 책이 자연스럽게 180도 펴질 수 있도록 매만지고 장서인을 찍고 전산 등록해야 해요. 새 책 향을 맡으면 마음이 고요해지면서 혼자서 집중하는 시간을 맞이하죠. 그 기분 좋은 독서의 탐닉과 적막이 아직도 기억이 나네요. 그때 모든 사람에게 '책이 주는 설렘과 온기를 고스란히 전해주고 싶다'라고 생각했어요.

학교도서관에서 사서로 일하려면
꼭 교직을 이수해야 하나요?

현재 학교도서관에는 사서교사와 사서가 공존하며 일하고 있어요. 사서교사는 교육부의 임용을 거친 교원이고 사서는 시도교육청 소속 직원의 개념으로 이해하시면 될 것 같네요. '사서'와 '사서교사'의 구분에 대한 부분은 현재 학교도서관계에서 매우 민감하고 예민한 문제가 되고 있어요. 교원으로서 사서교사가 되려면 교직을 반드시 이수하셔야 합니다.

한국법제연구원은 어떤 곳이며 어떤 일을 하나요?

한국법제연구원은 1989년에 세워진 법제처 산하의 정부출연연구기관이에요. 주된 업무는 대한민국 법령집을 비롯한 미국, 영국, 프랑스, 독일, 일본 등 각국의 법령집 연구와 관련한 출판물 간행이죠. 법학박사들의 연구를 위해서 모든 형태의 자료를 비치하고 그에 따른 정보와 자료를 제공하는 것이 도서실의 역할이랍니다. 저는 연구원 창립멤버로서 기획운영실 소속의 자료실을 만드는 일부터 시작했어요. 사회생활 초보이자 도서실 초보가 도서실 운영 전반에 관한 마스터플랜을 만들고, 각국의 법령 관련 자료들을 해당 국가 출판사들과 직접 팩스나 전화 연락을 통해 입수했었죠. 도서관 전산화 작업을 하면서 많이 힘들었지만, 실무능력뿐 아니라 행정 능력도 갖추게 해준 경험이었답니다. 카드 목록을 타자와 수기로 작업하던 시절이었는데, 고등학교 시절 한문과 독일어 과목이 큰 도움이 됐었죠. 영어는 출근 전에 종로에 있는 영어 학원을 1년 정도 다니며 해결했고, 그것이 나중에 미국으로 어학연수를 가게 된 계기가 되었어요.

사서교사도 다른 교사와 비슷한 급여를 받나요?

사서교사 역시 일반 유·초·중등교사와 같은 임금 체계를 따라요. 교사는 연봉제가 아니라 호봉제이고, 사람마다 호봉 승급일이 개인에 따라 다르죠. 저 역시 육아 휴직으로 다른 14년 차 교사보다 호봉이 낮고, 담임 수당이나 보결 수당, 개인 성과급 등에 따라 연봉에 차이가 나죠. 2022년 교육공무원 봉급표에 따르면 14년 차 교사는 22호봉이며 월 급여가 3,359,700원입니다. 그렇다면 연봉은 정근, 보결, 정근, 연구비, 가족수당, 명절 상여금, 성과급 등을 포함해서 약 6,000만 원(세금포함) 내외로 책정이 됩니다.

유능한 사서가 되기 위해선
어떠한 준비과정이 필요할까요?

일단 사서가 되기 위해서는 먼저 1966년부터 발급된 국가전문자격인 '사서 자격증'을 취득해야 해요. 자격증은 단계별로 준사서, 2급 정사서, 1급 정사서로 구분하며, 일정 학점 이수 후 무시험 자격으로 취득할 수 있어요. 준사서는 전문대 관련학과나 사서교육원을 통해서 취득할 수 있고, 2급 정사서는 4년제 대학의 관련학과나 평생교육원 학점은행제를 통해 취득할 수 있어요. 현재는 준사서 이상이면 공공도서관 사서 공채시험에 응시할 수 있어요. 사서 자격증 이외 컴퓨터 관련 자격증을 취득하면 도움이 됩니다. 최근에 폭발적으로 많은 정보가 생성되고 있는데요. 많은 정보 중 맞춤형 정보로 가공·분석할 수 있는 빅데이터를 취급하는 자격증을 준비하면 큰 도움이 될 거예요. 마케팅에 필요한 SNS를 다루는 능력도 매우 유용하고요. 다음으로 사서는 책을 포함한 모든 지식정보를 다루는 직업입니다. 객관적으로 지식정보를 제공하기 위해서는 사서가 다양한 독서를 통해 다양한 관점과 넓은 안목이 필요해요. 마지막으로 어쩌면 가장 중요한 경험(경력)이 될 수도 있을 텐데요. 공공도서관은 자료를 관리하는 사서를 제외하면 온종일 사람을 만나거나 연락을 주고받아야 합니다. 학창 시절 다양한 활동을 통해 소통 기법을 익히면 좋을 거 같네요.

사서를 꿈꾸는 학생들에게 추천하시고 싶은 책이나
활동은 무엇이 있을까요?

사서를 꿈꾼다면 한 가지 분야에만 집중하지 말고 여러 분야의 책을 폭넓게 읽기를 추천합니다. 최신 동화책뿐 아니라 고전문학도 좋고 심리학책, 종교에 관한 책, 사회과학 도서, 도감도 좋아요. 만화책도 좋고요. 그리고 꼭 책이 아니라 음악, 미술 등 다양한 분야에 관심을 두면 좋겠어요. 학교도서관이나 집 근처에 있는 공공도서관뿐 아니라 음악도서관, 동물 전문도서관, 국악도서관 등 도서관의 종류도 다양해지고 있거든요.

사서교사로서 독서의 유익에 대해서
어떤 견해를 갖고 계시는지요?

　사서직은 재미난 책들을 누구보다 많이 접할 수 있는 일이죠. 특히 저는 소설을 좋아해요. 최근 김영하 작가 강연회에 갔었는데, 그분 말씀이 사람은 인생에서 수없이 맞닥뜨릴 수 있는 곤경이나 비극에 대비하고자 보험처럼 소설을 읽는다고 해요. 소설 속에는 인간이 겪을 수 있는 온갖 일들이 담겨 있거든요. 누구나 그런 일들을 겪을 수도 있다고 생각하면 소설을 통해 미리 경험해보고 상상하면서 주인공이 극복해 가는 과정을 통해 연습해 볼 수 있죠. 그리고 이미 내가 경험했던 일들이 나올 때 내가 느꼈던 감정을 전문가인 작가가 정제된 언어로 표현해주니 이처럼 통쾌하고 속 시원할 수가 없어요. 내 마음과 같은 대사나 감정 묘사가 나오면 밑줄을 치고 싶어지잖아요. 이러한 면 때문에 저는 소설을 통해 위로 받아요. 때로는 나와 전혀 다른 삶에 관한 이야기를 읽기도 해요. 지금 내가 있는 이곳이 아닌 다른 곳으로 갈 수 있고, 다른 사람이 되는 느낌이 들어서 기분전환이 되고 대리만족도 됩니다. 드라마나 웹툰처럼 너무 구체적이지 않아서 더 좋아요. 제 상상 속 주인공은 훨씬 더 멋지고 훌륭합니다. 소설 속 다양한 인간상을 들여다보면 이해하지 못할 사람이 없는 거 같아요. 다 각자의 사연이 있다고 생각하면 사람에 대한 이질감이나 비난이 줄어들기도 하죠. 저는 사실 세상에 대해 모르는 것이 참 많고 제가 무엇을 좋아하는지도 잘 몰랐답니다. 대학 졸업할 때까지도 임용준비생으로 살았으니 좀 답답하게 살았죠. 지금도 크게 달라지진 않았지만 여러 경험과 연구를 한 사람들의 책들을 보면서 새로운 영역과 삶에 대해 배우게 됩니다. 여행을 갈 때도, 배드민턴을 배울 때도, 캠핑 갈 때도, 요리할 때도, 아이를 낳고 키울 때도 심지어 몸이 아플 때도 항상 그 분야의 책을 먼저 읽습니다. 그럼 그 전문가를 만나 도움을 받는 느낌이 들거든요.

학교도서관과 일반도서관에서 사서 업무가 크게 다른가요?

다른 도서관들과 전반적인 업무는 같지만, 학교도서관은 청소년과 교육기관에 특화되어있는 도서관이라는 차이가 있습니다. 도서관의 모든 서비스와 수서 업무가 교육과 연계되는 특성이 있어요. 저는 중학교 도서관에서 책과 관련된 일, 사람과 관련된 일, 독서프로그램과 관련된 일, 기타 행정 업무를 맡아서 하고 있어요. 책을 선정하고 구매한 뒤 분류하고 등록해서 라벨을 붙이고 서가에 꽂기까지의 모든 과정을 직접 하죠. 이후에 서가를 정리하고 망가진 책을 고치고, 장서 점검 후 폐기하는 작업도 진행해요. 대출 반납과 수업 지원, 이용 교육, 정보서비스 등 다양한 서비스를 제공하기도 하고, 도서관 활성화 이벤트, 독서프로그램, 독서동아리와 도서부 운영 등 다양한 일을 기획하고 진행한답니다. 기타 공문처리, 홍보 자료, 교육자료 제작, 시설 관리 등도 하고 있고요.

향후 과학기술의 발달이 사서 직업에 부정적인 영향을 끼치진 않을까요?

인공지능 시대와 팬데믹으로 도서관의 역할과 기능이 축소되고 '사서'는 AI로 대체될 것이라는 말도 있는데요. 현장의 사서로 절대로 그럴 일은 없다고 말씀드릴 수 있어요. 오히려 도서관이 더 중심이 되는 사회가 될 거예요. 실제로 공공도서관의 업무가 16년 전보다 두 배는 많아졌답니다. 16년 전에 종이책이 다 없어진다고 종이책 무용론이 도서관계(圖書館界)를 흔들기도 했었죠. 하지만 현재 종이책 발행률이 두 배는 높아진걸요. 인공지능이 우리 사회에 깊숙하게 들어올수록 사람들은 서로 대면하고 소통하고 싶은 욕구가 더 강하게 생길 거라고 봐요. 코로나 팬데믹을 통해서 검증된 사실이죠. 많은 사람이 시간을 내서 도서관에 찾아오고, 온라인 강의보다 오프라인 강의를 선호하며, 문화행사에 적극적으로 참여하기도 하잖아요. 앞으로 사서의 역할은 더 다양해지고 확고해지리라 봅니다.

예비
사서
아카데미

사서 관련 학과

문헌정보학과

학과개요

지금은 '정보화 시대'입니다. '정보'는 우리가 공부하든, 여행하든, 일하든, 일상의 거의 모든 활동에 꼭 필요한 지식을 이루는 조각입니다. 문헌정보학과에서는 인간의 지적 활동에 필요한 정보 및 문헌의 속성을 이해하며, 이들을 효과적으로 수집하고 전달하기 위한 공부를 합니다. 문헌정보학과에 입학하면 정보를 효율적으로 활용할 줄 아는 정보 전문인력으로 성장하게 됩니다.

학과특성

예전에는 '도서관학과'라고도 불릴 만큼 졸업 후 진출 분야가 명확히 제한된 편이었지만, 최근에는 정보시스템, 데이터베이스시스템, 소프트웨어 개발 및 뉴미디어 활용과도 연계됨으로써 융합학문으로도 주목받고 있습니다. 정보를 활용한 기술적 발전과 맞물려 앞으로도 지속해서 성장 가능성이 클 뿐만 아니라 발전 전망이 좋은 학과입니다.

개설대학

지역	대학명	학과명
서울특별시	덕성여자대학교	글로벌융합대학 문헌정보학전공
	동덕여자대학교	사회과학대학 문헌정보학과
	명지대학교	인문대학 문헌정보학과
	상명대학교	인문콘텐츠학부 문헌정보학전공
	서울여자대학교	사회과학대학 문헌정보학과
	성균관대학교	문과대학 문헌정보학과
	숙명여자대학교	문과대학 문헌정보학과
	숭의여자대학교	문헌정보학과
	연세대학교	문과대학 문헌정보학과
	이화여자대학교	사회과학대학 문헌정보학과
	중앙대학교	사회과학대학 문헌정보학과
	한성대학교	크리에이티브인문예술대학 도서관정보문화트랙
인천광역시	인천대학교	문헌정보학과
부산광역시	경성대학교	문과대학 문헌정보학과
	동의대학교	인문사회과학대학 문헌정보학과

지역	대학명	학과명
부산광역시	부산대학교	사회과학대학 문헌정보학과
	부산여자대학교	문헌정보학과
	신라대학교	인문사회과학대학 문헌정보학과
	창원문성대학교	문헌정보과
경상북도	경북대학교	사회과학대학 문헌정보학과
	경일대학교	문헌정보전공
대구광역시	계명대학교	사회과학대학 문헌정보학과
	대구가톨릭대학교	사회과학대학 도서관학과
	대구대학교	사회과학대학 문헌정보학과
대전광역시	충남대학교	사회과학대학 문헌정보학과
	한남대학교	문과대학 문헌정보학과
광주광역시	광주대학교	인문사회대학 문헌정보학과
	전남대학교	사회과학대학 문헌정보학과
경기도	경기대학교	인문대학 문헌정보학과
	대림대학교	도선관미디어정보과
	대진대학교	공공인재대학 문헌정보학과
충청북도	건국대학교(글로컬캠퍼스)	인문사회융합대학 문헌정보학과
	청주대학교	인문사회대학 인문학부 문헌정보학전공
충청남도	공주대학교	사범대학 문헌정보교육과
	중부대학교	문화콘텐츠학부 문헌정보학전공
전라북도	전북대학교	인문대학 문헌정보학과
	전주대학교	사회과학대학 문헌정보학과

자료: 커리어넷

우리나라 사서의 역사

도서관직(圖書館職)에 대한 인식은 시대에 따라 또는 도서관 기능의 발달과 변화에 따라 달랐으며, 그 명칭도 일정하지 않았다. 전근대적인 사회에 있어서는 도서관의 장서량(藏書量)이 많지 않았고 이용도 극히 제한된 사람들에게만 허용되었으므로 도서관의 기능이 매우 단순하였다. 따라서 그 운영에 필요한 전문적 지식이 특별히 요구되는 것은 아니었으며 지식인이라면 누구나 그 직무를 맡아 수행할 수 있었다.

조선시대에는 도서관에서 책을 다루는 관리를 통칭 책색관(册色官)이라고 하였으며, 정식 관직명은 품계에 따라 달랐다. 예를 들면 왕립도서관이었던 규장각의 경우 각신(閣臣)을 도와 서적의 교정과 서사(書寫)를 담당한 관원을 검서관(檢書官)이라고 하였으며, 성균관의 도서관이었던 존경각(尊經閣)의 경우는 사예(司藝)·전적(典籍)·학정(學正) 등의 관원이 장서의 출납을 관장하였다. 조선시대의 관직명으로서의 사서는 책색관이 아니라 세자시강원(世子侍講院)에서 경사(經史)와 도의(道義)를 가르치던 정6품관이었다.

근대사회에 들어와 도서관의 기능이 다양화됨에 따라 도서관직도 그 직무수행에 필요한 전문적 지식을 갖추지 않을 수 없게 되었다. 도서관직으로서의 사서라는 명칭은 광복 후 발족한 국립도서관의 기구와 직제 속에 처음으로 나타난다. 즉, 그 기구 가운데 사서부(司書部)가 있었고, 직명으로는 사서와 사서관(司書官)이 있었다. 그러나 이들 명칭은 한 기구명이나 직에 불과한 것이었으며, 사서직의 전문성을 인정한 것은 아니었다.

사서를 도서관직의 개념으로 법률상 처음 사용하게 된 것은 1963년에 제정, 공포된 「도서관법」에서이다. 이 법에 근거하여 1969년에 대통령령으로 공포된 「도서관법시행령」 제4조에 따르면, 사서를 정사서와 준사서로 구분하고 그 자격요건을 규정하였다. 그러나 1970년대 이후 우리나라도 점차 정보화 사회로 변모해감에 따라 도서관의 업무와 사서의 역할에도 많은 변화가 일어났으며, 이에 따른 사서의 전문성 문제, 자격 및 처우개선 문제 등 법률상 해결해야 할 많은 문제점이 나타나게 되었다. 이를 개선하기 위하여 1994년 「도서관법」을 「도서관 및 독서진흥법」(법률 제4776호)으로 개정하게 되었다. 이 법에 근거한 「도서관 및 독서진흥법 시행령」(대통령령 제14339호)에 의하면 사서를 1급 정사서, 2급 정사서, 준사서로 구분하고 사서직원의 자격요건을 새롭게 규정하였다. 1급 정사서는 기본적으로 문헌정보학 또는 도서관학 박사학위를 받은 자 또는 이에 준하는 경력자가 취득할 수 있는 자격이다. 2급 정사서는 대학교의 문헌정보학과나 도서관학과를 졸업하거나 이에 준하는 경력을 가진 자에게 부여될 수 있는 자격이며, 준사서는 대학의 문헌정보과 또는 도서관과를 졸업한 자 및 대학 이상의 학력을 가진 자가 지정교육기관에서 소정의 교육과정을 이수하면 받을 수 있는 자격이다.

사서에 대한 법률상의 직제 구분과는 상관없이 오늘날 전개되고 있는 정보통신기술의 환경변화와 관련하여 실제에서는 사서의 역할에 따라 시스템 사서 또는 미디어 전문사서와 같은 기능적 명칭이 생겨났다. 시스템 사서의 기능은 도서관의 업무가 정보통신기술을 토대로 이루어지는 현상과 더불어 생성되었으며, 구체적으로는 도서관에서의 서버와 호스트 운영, 클라이언트 활용, 훈련·문서화·업무지원,

응용프로그램의 개발, 시스템분석과 구매, 기술적 위험요인의 관리와 같은 업무를 담당하는 사서를 지칭하는 것으로서 오늘날의 도서관에서 핵심적인 업무를 담당한다. 미디어 전문사서는 주로 학교도서관 또는 공공도서관의 사서들에게 부여되는 새로운 기능과 업무에 관련되어 사용되는 명칭으로서, 주된 업무는 학생들의 정보화 교육에 필요한 기술적·자원적 지원을 하는 것이다. 미디어 전문사서는 학생 또는 이용자들이 해결해야 할 문제와 관련하여 과제 정의, 정보탐색전략, 소재 파악과 접근, 정보 활용, 통합정리, 평가에 이르는 전 과정에 필요한 정보자원과 기술적 지원을 담당한다. 교과 내용과 분리된 컴퓨터 수업으로는 학생들이 실제 상황에 적용할 수 있는 정보 활용 능력을 갖출 수 없다는 인식이 확산함에 따라 교과과정과 통합된 정보화 교육을 위한 학교도서관 미디어 전문사서의 역할이 매우 중요하게 되었다. 이러한 기술적 환경변화에 따라 대학교의 문헌정보학과 또는 도서관학과의 주요 교과과정도 정보통신 기술을 익히고 응용할 수 있는 능력을 기르는 방향으로 변화하였으며 사서들의 업무 영역도 도서관뿐 아니라 정보검색 또는 인터넷 서비스와 관련된 산업체로 확장하였다. 대학 외에 사서 자격과 관련된 교육을 받을 수 있는 법률상의 지정교육기관으로는 성균관대학교 부설 한국사서교육원, 계명대학교 사서교육원, 부산여자대학교 사서교육원이 있다. 사서의 전문직 단체로는 한국도서관협회가 있으며, 관련 학회로는 한국문헌정보학회, 한국정보관리학회, 한국도서관정보학회, 한국비블리아학회, 한국서지학회 등이 있다.

출처: 한국민족문화대백과사전

세계의 유명한 도서관

해인사 장경판전

가야산 중턱에 있는 해인사는 통일신라 애장왕 3년(802)에 지은 사찰로, 왕후의 병을 부처의 힘으로 치료해 준 것에 대한 감사의 뜻으로 지었다고 한다. 우리나라 3대 사찰 중 하나이며, 팔만대장경을 보관하고 있기에 법보사찰이라고도 부른다. 장경판전은 고려시대에 만들어진 8만여 장의 대장경판을 보관하고 있는 건물로, 해인사에 남아있는 건물 중 가장 오

래되었다. 처음 지은 연대는 정확히 알지 못하지만, 조선 세조 3년(1457)에 크게 다시 지었고 성종 19년(1488)에 학조대사가 왕실의 후원으로 다시 지어 '보안당'이라고 했다는 기록이 있다. 산속 깊은 곳에 있어 임진왜란에도 피해를 보지 않아 옛 모습을 유지하고 있으며, 광해군 14년(1622)과 인조 2년(1624)에 수리가 있었다.

앞면 15칸·옆면 2칸 크기의 두 건물을 나란히 배치하였는데, 남쪽 건물은 '수다라장'이라 하고 북쪽의 건물은 '법보전'이라 한다. 서쪽과 동쪽에는 앞면 2칸·옆면 1칸 규모의 작은 서고가 있어서, 전체적으로는 긴 네모형으로 배치되어 있다. 대장경판을 보관하는 건물의 기능을 충분히 발휘할 수 있도록 장식 요소는 두지 않았으며, 통풍을 위하여 창의 크기를 남쪽과 북쪽을 서로 다르게 하고 칸마다 창을 내었다. 또한 안쪽 흙바닥 속에 숯과 횟가루, 소금을 모래와 함께 차례로 넣음으로써 습도를 조절하도록 하였다. 자연의 조건을 이용하여 설계한 합리적이고 과학적인 점 등으로 인해 대장경판을 지금까지 잘 보존할 수 있었다고 평가받고 있다. 해인사장경판전은 15세기 건축물로서 세계 유일의 대장경판 보관용 건물이며, 대장경판과 고려각판을 포함하여 1995년 12월 유네스코 세계문화유산으로 등재되었다.

트리니티 대학 도서관

해리포터에 나오는 '호그와트 도서관'은 작가
의 머릿속에서 나온 공간이 아니다. 유럽에 실제
로 존재하는 한 대학 도서관에서 영감을 받은 것
이다. 직접적인 모델이 되었다고 알려진 아일랜
드 더블린(Dublin) 트리니티 대학교 도서관이 바
로 그 장소다. 트리니티 대학 도서관에서 롱 룸
(Long Room)이라 불리는 긴 홀이 바로 호그와

트 도서관의 롤모델이 된 곳이고, 그 역사는 1592년까지 거슬러 올라간다. 아일랜드의 상징인 브리안
보루의 하프도 여기에 있고, 켈스의 서(Book of Kells)가 보관된 것으로도 유명하다. 이집트 시대의 파
피루스를 비롯해 500만 권의 도서를 소장하고 있는 아일랜드 최대 도서관이며, 소설가 사무엘 베케
트와 같이 다양한 분야의 유명인을 대거 배출해낸 명문 대학의 도서관이다.

코임브라 대학 조아니나 대학도서관

코임브라 대학은 포르투갈 최초의 대학으로
1290년 처음 리스본에 설립되었다. 설립 초기
에 예술, 법률, 의학, 교회법에 관련된 학과들이
개설되었다. 19세기 프랑스 혁명의 여파로 밀어
닥친 가톨릭 수도원의 해체로 도서관 자산의 일
부를 분리하는 결정이 내려졌고, 도서관이 소장
한 컬렉션이 감소했다. 20세기의 대학으로 거듭

나기 위해 새로운 도서관의 필요성이 대두되었고 종합도서관이 새로 건립되었다. 포르투갈 중부 코
임브라 시에 있는 코임브라 대학의 종합도서관은 바로크 양식 건축으로 유명한 조아니나 도서관과
1962년 완성된 현대식 종합도서관 2개로 구성되어 있다. 조아니나 도서관에는 16세기 말부터 18세기
말까지 인쇄된 정교하고 아름다운 컬렉션이 소장되어 있다. 2013년 조아니나 도서관이 포함된 코임
브라 대학의 알파구역-소피아 구역이 유네스코 문화유산에 지정되었다.

프랑스 국립도서관

프랑스 국립도서관의 역사는 1368년 프랑스의 샤를 5세대로 거슬러 올라간다. 루브르 일대에 터를 마련했다가 루이 15세 때 규모가 증대됐으며 1692년 일반에 개방됐다. 프랑스 혁명 동안 귀족과 개인 서적이 압류되면서 국립도서관 서적 수는 30만 권을 넘기도 했다. 혁명 이후 개최된 프랑스 제헌의회 결의안으로 이곳은 세계 최초인 1793년 민간 도서관으로 자리매김한다. 1988년 7월 14일, 프랑수아 미테랑 대통령은 국립도서관을 세계에서 가장 큰 규모로 보수하겠다는 계획을 발표했다. 세계의 모든 지식을 포괄하며 모든 사람이 최신의 기술을 배우고 거리낌 없

이 지식에 접근할 수 있도록 하겠다는 것이었다. 국보급의 도서 이관을 마친 뒤 1996년 12월 20일 도서관은 다시 일반에 공개되었다. 프랑스 국립도서관은 공공건물로서 프랑스 문화부가 직접 관할하며 도서의 관리는 물론 프랑스에서 출판된 모든 서적과 작품을 보관한다. 이는 법적으로 국가의 의무사항에 해당하기도 한다. 이는 서적과 자료를 수집하여 일반에 공개하는 데까지 이른다.

중국 국가도서관

중국국가도서관은 중화인민공화국 베이징시에 있는 국립도서관이다. 과거에는 경사도서관, 베이징도서관 등으로 불리었다. 청나라의 관료인 장지동(張之洞)이 서태후에게 건립을 요청하여 1909년에 경사도서관이라는 이름으로 개관하였다. 1951년 국립을 제외한 베이징도서관으로 개칭되었으며, 1986년에 현 위치로 이관되고 1998년 12월 12일에 현 명칭인 중국국가도서관으로 명칭이 변경된다. 2021년 12월 기준, 중국국가도서관이 소장 중인 도서 수는 실책 기준 42,301,505권으로, 소장 양으로 따지면 세계 3번째, 아시아 최대의 도서관이다. 특히 소장 갑골문의 수는 35,651점으로, 현존하는 모든 갑골문의 4분의 1을 소장 중이다. 다만 4,200만 권은 단순 도서 외에도 중국의 주요 고서적 및 유명 인물의 필사본, 갑골 문자 등도 함께 계산한 숫자이며, 갑골문이나 고서적 등의 특수서적을 제외한 단순 도서의 수는 약 1,200만여 권으로 추정된다. 이 중 일반인에게 공개되는, 즉 열람·대출이 가능한 도서의 수는 약 210만여 권이다.

오스트리아 국립도서관

유럽에서 가장 오래된 곳으로도 공인된 오스트리아 국립도서관은 740만 권의 도서와 상당수의 귀중본 들을 소장하고 있어 오스트리아 문화재의 보고로 불린다. 열 가지 특수컬렉션에 포함된 자료와 도서관에 소장된 장서 중 많은 것들이 유네스코의 세계기록유산으로 등록돼있다. 빈 의회의 마지막 기록물, 슈베르트의 원본 악보, 에르체르조그 라이너의 파피루스 등의 컬렉션이 그것이다. 구 도서관 근처에 현대적 도서관을 함께 운영하는데 현대식 건물로 새로 짓지는 않고 옛 왕궁을 그대로 사용하고 있다. 그렇지만 내부에는 최신 시설과 네트워크를 구축해 자료열람과 대출 및 정보서비스를 제공한다. 10개 부서 안에 기록관과 박물관을 갖추고 있으며 파피루스 박물관만 해도 18만 건의 파피루스를 보유해 세계 최고를 자랑한다.

알렉산드리아 도서관

사원(학예관) 근처에 세워져 서로의 영향권 내에 들도록 하였으며 도서관의 바닥은 지중해 지역의 대리석을 이용하여 만들었다. 도서관은 정원, 공동 식당, 독서실과 강의실, 집회실 등을 포함하고 있었으며 신간 도서의 관리와 책의 분류를 하는 부서가 존재하였다. 회랑은 파피루스 두루마리들을 보관하는 책장들로 이루어졌으며 최초로 국경에 상관없이 그 당시의 모든 서적을 수집하여 세계의 지식을 취합한 것에 대해 의의가 있었다. 보유했던 장서의 양은 학자들 사이에서도 최소 1만 권에서 70만 권, 100만 권, 130만 권까지 다양한 학설이 존재하나, 당대의 도서관들에 비해 그 규모가 매우 방대했다는 것만은 모두가 동의한다. 이러한 문서들로 대표되는 지식수준은 현대의 기준으로도 꽤 진취적이고 진보적이어서 놀라움을 동반한다.

미국 의회 도서관

미국 의회 도서관은 워싱턴 D.C.에 소재한 미국 의회 부속의 도서관이다. 1897년에 개장한 본관인 토머스 제퍼슨 빌딩, 1939년 1월 3일에 개장한 존 애덤스 빌딩, 1976년에 완공된 제임스 매디슨 기념관, 2007년에 개장한 오디오-비주얼 보관소 등 4개의 건물로 이루어져 있다. 미국 의회 도서관이 유명한 이유는 세계에서 가장 많은 수의 책을 소장하고 있기 때문이다. 장서 3,300만 권, 전 세계에서 수집한 덕에 470여 개의 언어로 구성된 각종 자료를 볼 수가 있다. 그 외에 독립선언문, 구텐베르크 성경 등 희귀 간행물들과 100만 부 이상의 미국 정부 간행물, 3세기 동안의 세계 각국의 신문들을 모두 소장하고 있으며 기타 미디어 자료 등을 포함해 6,000만 점에 달하는 자료들도 보관 중이다. 이 중에는 방송자료와 영화도 다수 포함되어있는데 추억의 외화나 외국 영화들을 원판 그대로 보고 싶을 때 나름 유용한 곳이기도 하다.

빅토리아 주립 도서관

주립도서관 빅토리아(State Library Victoria)는 오스트레일리아 빅토리아 주의 주요 도서관이다. 멜버른에 있는 이곳은 1854년 멜버른 공공도서관으로 설립되어 호주에서 가장 오래된 공공도서관이자 세계 최초의 무료도서관 중 하나가 되었다. 이 도서관의 방대한 소장품에는 200만 권이 넘는 책과 35만 장의 사진, 원고, 지도, 신문 등이 수록되어 있으며, 멜버른의 설립자 존 배트맨과 존 파스코 포크너의 일기, 제임스 쿡 대위의 엽서, 네드 켈리의 갑옷 등 빅토리아로부터 온 자료들에 특별히 중점을 두고 있다.

어떤 도서관이 있을까?

　도서관의 종류는 설치 주체에 따라 국립 도서관, 공립 도서관, 사립 도서관으로 나뉘며 사립 도서관은 다시 그 목적에 따라 특수 도서관과 공공 도서관으로 나뉘고 특수 도서관은 다시 학교 도서관, 대학 도서관, 전문 도서관 등으로 나뉜다.

◆ 국립 도서관

　국가 도서관이라고도 하는 국립 도서관은 국가가 직접 관리하는 도서관으로 일반적으로 한 나라를 대표하는 도서관이기에 한 국가당 하나의 국립 도서관만을 두며 그 산하에 세부 도서관을 두고 있는 경우가 많다. 세계적으로 유명한 국립 도서관에는 영국의 대영 도서관, 미국 의회 도서관, 프랑스의 국민 도서관, 러시아 국립도서관, 일본 국립국회도서관, 중국 북경도서관 등이 있다. 한국의 국립 도서관으로는 국립중앙도서관과 국회도서관이 있다.

◆ 공립 도서관

　공립 도서관은 지방 자치 단체가 설치와 운영을 담당하고 있는 도서관으로 대한민국의 경우 각각의 지방 자치 단체와 교육청들이 도서관의 설치와 운영을 맡고 있다. 세계적으로 유명한 공립 도서관에는 미국의 뉴욕 공립 도서관이 있다.

◆ 사립 도서관

　사립 도서관은 민법의 규정에 따른 법인에 의해 설치된 도서관으로 설치 목적에 따라 전문 도서관과 공공 도서관으로 나뉜다. 일반적으로 국가가 아니라 법인 소속이기에 사립 도서관들은 폭넓은 자료 수집과 함께 특정 자료에 대한 집중적인 수집이 함께 이루어지는 경우가 많다. 예를 들어 특수 도서관의 하위 도서관 중 하나인 점자 도서관의 경우 대다수의 자료 수집을 점자와 오디오북을 대상으로 하고 있다. 대표적인 대한민국의 사립 도서관으로는 느티나무도서관 재단이 운영하는 느티나무도서관(용인시)이 있다.

◆ 학교 도서관

학교 도서관이란 대학교를 제외한 초, 중등교육기관에 설치된 도서관을 말하며, 과거의 학교 도서관이 자료의 수집, 소장, 관리, 단순한 대출 및 반납 업무에 치중해 있었다면, 현재의 학교 도서관은 21세기 지식정보사회에서 학습자들의 정보 활용 능력을 길러주기 위해 다양한 정보자료를 제공하여 학습자들이 스스로 지식을 구성해 학습할 수 있는 환경을 제공한다.

◆ 대학 도서관

대학 도서관이란 대학 및 다른 법률의 규정에 따라 설립된 대학 교육과정 이상의 교육기관에서 교수와 학생, 직원에게 도서관 서비스를 제공하는 것을 주된 목적으로 하는 도서관을 말한다. 즉, 대학 소속의 도서관들을 일컫는다. 대학이라는 시설의 특성상 일부 특정 분야에 특화된 대학을 제외하고는 대학 내에 존재하는 전 분야의 학과와 관련된 다양한 학문 자료가 수집된다. 대학 도서관 홈페이지에서는 대학 학생들을 대상으로 인터넷을 통해 유료 자료를 무료로 제공하기도 한다. 대표적인 경우가 EBSCOHost, Web of Knowledge, SciFinder, Naxos Music Library 같은 전문 DB 사이트와 하버드 비즈니스 리뷰, 네이처, 사이언스 등의 학술잡지들이 있다.

◆ 대영박물관 도서관

사립 도서관의 한 종류로 대학 소속의 도서관들을 일컫는다. 대학이라는 시설의 특성상 일부 특정 분야에 특화된 대학을 제외하고는 대학 내 존재하는 전 분야의 학과와 관련된 다양한 학문 자료가 수집된다. 일반적으로 대학의 심장이자 자존심이라 불리는 곳이 바로 대학 도서관이다. 세계적으로 유명한 대학 도서관에는 하버드 대학교 도서관, 맨체스터 대학교의 존 라이랜즈 도서관 등이 있으며 일반적으로 유명한 대학교들은 뛰어난 대학 도서관들을 보유하고 있다. 여러 가지의 행사를 해준다.

◆ 전문 도서관

설립 기관의 소속 구성원들을 중점 목표로 하여 특정 분야의 학문을 중점적으로 다룬다. 일반적으로 의학 도서관, 법학 도서관처럼 한 분야에 대한 심도 있는 자료 수집을 중심으로 하기에 타 도서관에 비해 다양한 자료 수집은 힘드나 특정 분야에 대해서는 타의 추종을 불허하는 자료 수집량을 보이곤 한다. 콘텐츠도서관, 만화도서관, 영상도서관도 전문 도서관에 속한다. 세계적으로 유명한 전문 도서관에는 미 국립 의학 도서관과 파리 역사 도서관 등이 있다.

◆ 특수 도서관

특수 도서관은 일반적인 이용자와는 다른 특수한 이용자인 장애인들을 대상으로 하는 도서관이다. 이전까지 특수 도서관의 개념은 전문 도서관의 하위분과로 취급되었으나 2006년 개정된 도서관법에 따라 특수 도서관은 독립적인 영역을 가지게 되었다. 장애인 도서관뿐 아니라 병영 도서관(진중문고), 교도소 도서관, 병원 도서관 등이 특수 도서관에 해당한다.

◆ 작은도서관

말 그대로 작은 도서관. 장소 10평(33제곱미터) 이상, 도서 1,000권 이상, 열람석 6개 이상이면 어디든 작은도서관으로 신청할 수 있다. 운영 주체는 도서관에 뜻이 있는 개인인 경우도 있고, 교회나 아파트 등 공공장소인 경우도 있고, 동사무소 등 공공기관인 경우도 있다. 어느 쪽이든 대체로 대형 공공도서관이 커버하지 못하는 지역을 커버하는 역할을 한다.

출처: 위키백과/ 나무위키

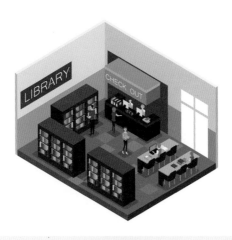

미래 도서관으로의 여행

국립중앙도서관은 2021년에 〈미래 도서관 특별전 (부제: The LIVE Library)〉을 개최하였다. 이는 과학기술의 진보가 만들어낼 미래 도서관의 공간과 서비스를 주제로 기획되었으며, 가상현실(VR) 기술이 적용된 체험존 4곳의 실감 콘텐츠를 통해 30년 이후에 구현될 미래 도서관의 모습을 소개하였다.

■ 지혜의 풍경 코너 : 대형 미디어아트를 통해 상상의 나래를 펼치자

도서관의 디지털 전환(Digital Transformation)을 모티브로 미래 도서관의 모습을 미디어아트로 표현한 '지혜의 풍경(Wisdom Scenery)' 영상을 만나볼 수 있다. 아날로그 도서관의 디지털화를 메타포적 미디어아트로 연출하였다. 프로젝션 맵핑 기술이 적용된 이 코너는 가로 11m, 세로 2.8m의 대형 벽면에 영상을 구현함으로써 방문자들에게 인상적인 몰입감과 환상적인 퍼포먼스를 선사한다.

*프로젝션 맵핑(영어) 기술이란 : 대상물의 표면에 빛으로 이루어진 영상을 투사해 변화를 줌으로써, 현실에 존재하는 대상이 다른 성격을 가진 것처럼 보이도록 하는 기술

■ VR 미래 도서관 : 30년 후 미래 도서관으로의 여행

'VR 미래 도서관'에서는 30년 후 미래 도서관을 경험해볼 수 있다. VR 헤드셋을 착용하면 가상현실 속의 미래 도서관 공간으로 여행이 시작된다. 도서관 중앙에 있는 거대한 데이터 센터, 사람들과 대화를 나누는 로봇 등 낯선 미래 도서관의 풍경을 잠시 감상하고 있으면 인공지능 사서가 다가와 인사를 건네고 가상현실 속 인공지능 사서와 의사를 소통하면서 드

론으로 책을 배송받을 수도 있고 홀로그램 북도 열람할 수 있다. 30년 후 상상 속의 미래 도서관을 VR (virtual reality, 가상현실)로 구현하였고, 헤드셋(HMD)을 쓰면 미래 도서관에 온 것 같은 실감 나는 경험을 전달한다. 관람객은 미래 도서관의 풍경, AI 로봇 사서의 안내, 도서 검색 및 열람 등을 가상으로 체험할 수 있다.

■ 스마트 라운지 : 내 기분에 따라 달라지는 책 추천 서비스

관람객의 정서적인 상태 등을 고려하여 도서를 추천하는 '스마트 라운지(Smart Lounge)'이다. 키오스크에 나의 오늘 기분이나 좋아하는 계절 등을 입력하면, 개개인의 특성에 최적화된 도서를 추천하는 실감 콘텐츠다. 추천 도서의 영상을 담은 대형화면도 체험자의 상태에 맞게 다양하게 전환되는데, 이는 미래 도서관이 맞춤 정보뿐 아니라 개인에게 특화된 맞춤 공간을 제공할 것이라는 예측을 표현한 것이다. 나만의 '북라이프(Book Life)'를 체험할 수 있고, 관람객이 터치모니터에 자신의 상태에 대한 5가지 설문 문항을 체크하면 알고리즘에 따라 도서가 추천되고, 벽면의 배경이 '나'만의 취향으로 전환된다.

■ 'VR 도서관 : 독서 그 이상' 체험

'VR 도서관'은 국립중앙도서관에서 자체 제작한 VR 콘텐츠를 체험하며, 국립중앙도서관 앞 잔디마당과 같은 가상의 독서 공간에서 30편의 문학작품을 읽거나 오디오북을 이용할 수 있는 새로운 독서 체험 콘텐츠다.

■ 전시 관련 사진

　　VR 미래 도서관 코너는 VR을 통해 미래 도서관 속으로 들어가 드론, 로봇, 인공지능 사서를 만나는 코너이다.

출처: 국립중앙도서관

사서가 추천하는 책

잠깐만 기다려

* 지은이: 차은실
* 추천사서: 전지혜
* 주제구분: 문학

지온이에게는 사람들이 거짓말을 하면 입에서 회색 연기가 나오는 모습이 보이는 특별한 능력이 있다. 같은 반 친구인 주소혜는 친구들 사이에서 항상 인기 만점이지만, 지온이의 눈에는 소혜의 입에서 계속 회색 연기가 뿜어져 나오는 것이 보인다. 그러던 중 민하라는 친구가 거짓말을 하면 얼굴에 비늘이 돋는다는 사실을 알게 되고 민하와 지온이는 서로의 비밀을 공유하게 되는데... 이 책은 거짓말에 관련된 비밀을 지닌 세 명의 친구가 처음엔 겉모습과 행동만을 보고 오해를 하지만 각자의 아픔을 알게 되며 서로를 이해하고 성장하는 모습을 보여주는 책이다. 책을 읽고 내 주변의 가족, 친구와의 관계를 다시 한번 생각해보고, 거짓말 뒤에 숨겨진 진짜 마음을 들여다볼 수 있는 계기가 되길 바란다.

최강의 실험경제반 아이들

* 지은이: 김나영
* 추천사서: 한원민
* 주제구분: 사회과학

이 책은 저자가 실제 수업한 내용을 스토리텔링 형태로 알기 쉽게 풀이하는 내용을 담고 있다. 경제와 금융이라는 다소 딱딱할 수 있는 주제임에도 교사 '나선생'은 실험 연계형 창의 수업을 통해 수요와 공급의 법칙, 한계 효용 등 경제 원리와 사회 이슈에 쉽게 접근하는 법을 알려준다. 모둠별로 게임 하며 경매를 모의 체험한다든가, 교복 공급 사례로 독과점을 학습하는 등 학생들의 일상 속 체험을 통해 경제 개념을 배우는 수업 방식이 새롭다. 신당동 떡볶이 거리로 나가 점심을 먹으며, 균형가격과 차별화 전략을 배우는 창의적인 방식도 눈길을 끈다. '상위 1% 10대의 특별한 경제 수업'이라는 부제를 달고 있고, 책 첫 장에서도 자사고와 과학고 학생의 실제 수업 후기를 담고 있지만, 청소년에게 적절한 수준과 내용으로 보인다.

어서 와, 도서관은 처음이지?

* 지은이: 이주희
* 추천사서: 손다운
* 주제구분: 총류

도서관에 함께 가자는 친구의 말에 소스라치게 놀라는 주인공 도윤이는 도서관에 대해 "심심하고 따분해 감옥보다 무서운 곳"이라고 표현한다. 친구와의 약속 때문에 억지로 도서관에 가게 된 도윤이는 그렇게 무시무시하게 느껴지는 도서관에서 우연히 동화책을 읽고, 책 속에 푹 빠져들어 마침내 도서관에 대한 인식이 긍정적으로 변해간다는 내용이다. 작가는 여기에 또 다른 책 속 이야기를 더했다. 도서관에서 만날 수 있는 생소한 단어나 도서관 이용 방법을 설명글이 아닌 책 속 이야기를 통해 자연스레 알려주고, 도서관의 모습을 예쁜 삽화로 담아내며 도서관에 처음 가는 어린이도 낯설지 않고 친숙하게 느끼도록 도와준다. 이 책을 함께 읽고 직접 도서관에 방문하는 독후활동을 해보는 건 어떨까?

너는 어떤 사람이 되고 싶어?

* 지은이: 카를로 프라베티
* 추천사서: 박효진
* 주제구분: 철학

얼핏 제목만 보면 장래 희망, 즉 진로나 직업에 관한 책 같다. 하지만 이 책은 장래 희망을 다룬 대부분 책과는 달리 직업에 대한 설명이 없다. 이 책은 궁금한 것도 많고 되고 싶은 것도 많은 열두 살 소녀 에바가 괴짜 과학자 할아버지를 만나 독특한 수업을 받게 되면서 벌어지는 이야기다. 할아버지는 "뭐가 되고 싶어?"라는 질문을 시작으로 "넌 어떤 세상에 사니?", "어떤 이야기를 듣고 싶니?", "넌 어떤 사람이 되고 싶어?" 등 우리가 살면서 한 번쯤 생각해봐야 할 여러 가지 질문을 던지며 스스로 생각해보고 문제를 해결해 나갈 수 있게 이끌어 준다. 꿈이 너무 많은 어린이뿐만 아니라 아직 꿈도 없고 되고 싶은 것도 없다고 생각하는 어린이가 있다면 이 책의 질문에 하나하나 답해보며 어떤 사람이 되고 싶은지 생각해보면 좋을 것 같다. 2020년 스페인의 아동문학상인 엘 바르코 데 바포르 상을 받았다.

악당이 된 녀석들

* 지은이: 정설아
* 추천사서: 우종헌
* 주제구분: 자연과학

줄무늬가 선명한 사랑스러운 외모의 한국 다람쥐, 선선한 가을에 환상적인 핑크 빛 자태를 뽐내는 핑크뮬리, 농작물이 잘 자라는 비옥한 땅을 만드는 지렁이, 귀여운 장난꾸러기 래쿤. 근데 내가 악당이라고? 수많은 생명이 사는 지구에서 유해 외래종으로 지정된 다양한 동식물. 이들에게도 할 말은 있다. 제목부터 흥미로운 『악당이 된 녀석들』은 해로운 외래종도 할 말은 있다는 부제를 가지고 있다. 사람의 필요에 따라 다른 자리로 옮겨진 생명이 새로운 환경에 적응하면서 원래 그 자리에 살던 생물들은 피해를 보게 되었고, 새 자리로 옮겨진 생명은 악한 녀석이 되고 말았다. 사람과 자연에 피해를 주게 된 사연을 읽다 보면 생태계 질서가 왜 중요한지, 우리는 어떤 노력을 해야 하는지 생각해보게 된다. "자꾸 없애다 보면 사람도 없어질지 몰라"라는 작가의 말처럼 자연과 인간의 조화로운 관계에 대해 생각해 볼 좋은 기회가 될 자연 과학서로 추천한다.

미세미세한 맛 플라수프

* 지은이: 김지형
* 추천사서: 김현성
* 주제구분: 기술과학

제목이 호기심을 불러일으킨다. 책을 다 읽고서 저자가 어떤 의도로 제목을 지었는지 알 수 있었다. 2022년 볼로냐 올해의 일러스트레이터 수상작인 이 그림책은 미세플라스틱에 관한 이야기를 아이들이 이해하기 쉽도록 시각적인 이미지로 표현한 책이다. 우리가 무심코 버린 플라스틱들이 잘게 쪼개져 하수도로, 바다로 흘러 들어가 작은 물고기, 큰 물고기를 거쳐 결국 우리 몸에 축적된다. 우리가 모르는 사이에 일주일이면 신용카드 한 장, 1달이면 칫솔 한 개, 10년이면 타이어 한 개 정도의 미세플라스틱을 섭취한다고 생각하니 상상만 해도 끔찍하다. 이 책을 통해 아이들에게 미세플라스틱에 대한 경각심을 일깨워 주고, 아이들 스스로 플라스틱 쓰레기를 줄여 환경보호에 앞장서기를 기대해 본다.

살아남는다는 것!

* 지은이: 구드룬 파우제방

* 추천사서: 박주옥

* 주제구분: 문학

* 이슈: 전쟁과 평화

열다섯 살 '기젤라'는 제2차 세계대전 중에 할머니, 만삭인 엄마, 그리고 세 명의 남동생과 기차를 타고 외갓집이 있는 드레스덴으로 피난을 떠난다. 그런데 엄마가 갑작스러운 진통으로 출산을 위해 기차에서 내리게 되고, 적의 공습으로 방공호로 피하는 중간에 할머니와도 헤어지게 된다. 기젤라는 세 명의 남동생과 일곱 살 고아 소녀 로테까지 데리고 지하 방공호 화장실로 피했다가 건물의 붕괴로 매몰된다. 기젤라는 어둠과 목마름, 배고픔, 그리고 자신들이 발견되지 못하는 공포 속에서도 부족한 음식과 물을 합리적으로 나누어 먹고 지상으로 구조 신호를 보내기 위해 온 힘을 쏟으며, 동생들을 다독이고 보살핀다. 이 책은 전쟁이 평화로운 마을을 파괴하고 평범한 가정을 해체하는 현실을 절절히 보여준다. 더불어 전쟁 중에 가장 큰 고통을 받는 약자인 어린이들의 전쟁의 극한 상황에서도 살아남기 위한 의지와 용기에 관한 이야기이다.

출처: 문화체육관광부 국립어린이청소년도서관

사서 관련 기관

국립중앙도서관

국립중앙도서관(國立中央圖書館, National Library of Korea)은 대한민국 문화체육관광부의 소속기관이다. 1945년 8.15해방 후, 박봉석 등 조선총독부도서관의 한국인 사서들을 주축으로 하여 10월 15일 서울특별시 중구 소공동에서 국립도서관으로 개관하였다. 개관 이듬해에 사서 양성기관인 '도서관학교'를 열고 1948년 대한민국 정부수립 후 문교부 산하로 들어갔으며, 1957년 서울 마포구 아현동에 분관을 세우고 1963년 '도서관법' 제정에 따라 현 이름으로 바뀌었으며, 1965년부터 도서 의무납본제도를 시행했다. '도서관법'의 제정으로 국립도서관은 국립중앙도서관으로 명칭을 바꾸는 한편, 제도나 업무 면에서 획기적으로 발전할 수 있는 기틀을 마련하게 되었다. 1991년부터 소관 업무가 문교부에서 문화부로 넘어갔고, 1997년 '전자도서관 시범사업'을 주도하며 1999년에는 통합정보시스템 'KORIS'를 개통했다. 2000년에는 자료보존관을 세우고 2002년에 '출판시 도서목록(CIP)' 제도를 시범·실시했으며, '국립중앙도서관 주제명표목표'도 개발했다.

✔여기서 잠깐! ISBN·ISSN·납본 시스템

국립중앙도서관이 ISBN · ISSN · 납본 시스템 센터는 국제표준자료번호를 바탕으로 국제적으로 표준화된 방법에 따라 도서 및 연속간행물에 고유번호를 부여하는 곳으로, 문헌 정보 및 출판유통산업 현대화를 목표로 하고 있다.

■ ISBN : 국제표준도서번호(International Standard Book Number : ISBN) 는 국제적으로 표준화된 방법에 의해 전 세계에서 생산되는 각종 도서에 부여하는 고유한 식별번호다.

■ ISSN : 국제표준연속간행물번호(International Standard Serial Number) 제도는 전 세계에서 간행되는 학술지, 신문, 잡지, 연감 등 계속자료의 식별을 위하여, 국제표준에 따라 계속자료에 하나의 고유한 번호를 부여하고 간행물의 서지정보를 ISSN 국제센터에 등록하여 이를 국제적으로 상호 활용할 수 있도록 마련된 제도다.

대한민국 국회도서관

국회도서관이 국회도서실로서 설치된 것은 6.25 전쟁으로 부산으로 피난 중이던 제2대국회에서 발의된 '국회도서실설치에관한결의안'이 1951년 9월 8일 제11회국회(임시회) 제63차 본회의에서 가결되고, 이후 1952년 2월 20일에 신익희 국회의장이 참석한 가운데 경남도청 무덕전에서 개관식을 함으로써 국회 도서실이 정식으로 발족하였다. 국회도서관이란 명칭이 정식으로 명시된 것은 양원제를 채택한 제5대 국회 때인 1960년대이며, 국회도서관법이 제정되어 국회도서관이 입법부의 독립기관으로 법적 근거를 가진 것은 국가재건최고회의 때인 1963년이고, 국회도서관 직제가 시행되어 정식으로 국회 내의 독립기관으로 운영되기 시작한 것은 제6대 국회인 1964년부터이다. 그 후 국가보위입법회의 때인 1981년 국회도서관법이 폐지되어 국회사무처에 통합되었다가 제13대 국회 때인 1988년 12월 29일 국회도서관법이 다시 제정되면서 국회사무처로부터 분리되어 입법부의 독립기관으로 현재에 이르고 있다. 국회는 국회의 도서 및 입법자료에 관한 업무를 처리하기 위하여 국회도서관을 두며, 국회도서관에는 국회도서관장 1인과 기타 필요한 공무원을 둔다. 국회도서관은 국회법에 설치 근거를 두고 국회도서관법과 그 부속 법규에 따라 설치되었다.

한국도서관협회

1945년 10월 당시의 조선도서관협회연맹을 인수하여 국립도서관 부관장이던 박봉석(朴奉石)이 중심이 되어 조선도서관협회를 창립하였다. 초대 회장으로 박봉석이 선출되었고, 사무국을 서울 소공동 국립도서관 안에 두었다. 그리고 1948년 8월 15일 정부수립으로 국호가 대한민국으로 바뀌게 되자, 조선도서관협회라는 명칭도 한국도서관협회로 개칭할 것을 토의하였다. 6·25전쟁으로 모든 활동이 중단되었다가 1955년 4월 한국도서관협회로 명칭을 변경하였다. 도서관 발전을 위하여 많은 사업을 추진하였는데, 1955년에 국제도서관협회연맹(IFLA)에 국가대

표단체로 가입하고, 국제도서교환센터 한국본부 설치(1958), 도서관주간행사 설정(1962), 사서자격취득을 위한 강습, 도서관학자료의 편간, 서지사업 등 각종 사업을 추진하였다. 1969년 5월에 아시아태평양지역 도서관국제회의를 개최하였고, 1976년 5월에는 아시아지역에서는 최초로 국제도서관협회연맹대회를 개최하였다. 1997년에는 『도서관정보센터경영론』과 1998년에는 『문헌정보학연구방법론』을 출판하였다. 한편 국내외의 도서관계와 정부 및 관계기관과의 협조·제휴로 각종 도서의 보급과 도서관 봉사의 꾸준한 개선을 촉진하고, 도서관 운영기술을 개발함으로써 도서관 전문직의 권익을 옹호하고, 사회교육과 국가발전에 이바지하기 위하여 각종 부대사업을 개발·추진하고 있다.

한국문헌정보학회

한국문헌정보학회
Korean Society for Library and Information Science

문헌정보학의 발전을 목적으로 설립된 학술단체. 문헌정보학(도서관학)에 관한 연구를 촉진하고, 회원 상호 간의 협력을 도모하며, 국내외 관계학회와의 유대를 통하여 학문 발전에 공헌함을 목적으로 설립되었다. 1969년 11월 한국도서관협회 사무국 회의실에 모여 한국도서관학회 창립을 위한 첫 준비모임을 가졌고, 이어 1970년 1월 이화여자대학교 도서관 회의실에서 창립총회가 열렸다. 1992년에 한국도서관학회의 명칭을 한국문헌정보학회로 개명하였다. 이 학회는 봄·가을로, 또는 필요에 따라 회원 중 또는 국내외의 저명한 학자의 연구발표회와 강연회, 국제회의 참가보고회, 공동학술대회 등을 가진다. 1971년부터 연간 1회 간행하던 『도서관학(圖書館學)』을 1991년 20호부터 연간 2회 발행하였으며, 1993년 24집부터 『한국문헌정보학회지』로 학회지명을 개명하였고, 1996년 30집부터 연간 4회 발행하는 등 명성 있는 학회로서 인정을 받아 학술회지로 부상하게 되었다. 학회의 기관회원 자격은 각종 도서관 및 관련기관, 대학 및 전문대학의 문헌정보학과·도서관학과 또는 도서관과로서 본회의 목적과 사업에 찬동하는 기관으로, 정회원은 문헌정보학 및 관련분야를 연구하는 석사학위 이상의 소지자이며 본회의 목적과 사업에 찬동하는 이며, 준회원은 문헌정보학 분야의 대학원 석사과정 재학생으로서 본회의 목적과 사업에 찬동하는 이다.

한국정보관리학회

한국정보관리협회는 자격기본법이 제정되기 1년 전인 1981년부터 국제비즈니스 교육학회 (International Society for Business Education-선진 20

개국이 주도되어 1901년에 탄생)등과 협의체를 구성하고 각종 실무자격 종목을 개발 및 SIEC 국제공인을 획득하였으며, 국가기술자격법이 통과한 후 사라졌던 민간자격을 최초로 전국 실시하여 1981년 12월 31일 대한민국 국민포장을 수상한 바 있다. 또한, 국가의 민간자격 추진과정에서 민간자격 국가공인 존속이 어렵게 되었을 때, 본 협회는 행정심판위원회에 "민간자격 국가공인신청반려처분취소" 청구를 하고, 승소하여 새로운 민간자격 시대의 개막을 주도하였다.

한국도서관·정보학회

한국도서관·정보학회는 문헌정보학 분야의 연구, 발표 및 회원 상호 간의 정보 공유를 통한 학술 활동 증진에 이바지함을 목적으로 1974년 4월 20일 설립되었다. 본 학회는 문헌정보학의 발전을 위하여 이론적인 연구는 물론 도서관 현장의 문제를 적극적으로 논의하고 해결하기 위한 실천 지향적 연구를 중시하고 있다. 본 학회에서는 KCI 등재 전문학술지인 『한국도서관·정보학회지』(Journal of Korean Library and Information Science Society)를 연간 4회 발행하고 있으며, 하계와 동계의 학술발표회를 정기적으로 개최함으로써 문헌정보학 분야의 다양한 연구 문제에 대한 학술적 소통과 정보 공유의 장을 제공하고 있다. 또한 전국의 문헌정보학 연구자들을 대상으로 매년 학술상(연구상, 우수논문상)을 수여하여 탁월한 학술 활동을 고양하고 있으며 학문 후속 세대를 위한 논문 발표의 장도 다양하게 마련하고 있다.

한국비블리아학회

한국비블리아학회는 지난 40여 년간 한국의 문헌
정보학계와 도서관의 발전에 중심적 역할을 해 온 전
문학술단체로서 국내 관련 학회와의 유대는 물론 회
원 상호 간의 협력 증진을 주목적으로 한다. 현재 전

한국비블리아학회
Korean Biblia Society for
Library and Information Science

국 37개 대학교의 교수와 도서관 현장의 학위 소지자인 연구 사서들을 포함하여 약 550여 명의 회원을
두고 있으며, 40여 개의 도서관 및 연구 단체들이 가입하여 열심히 활동하고 있다. 본 학회에서 발간하
는 〈한국비블리아학회지〉는 문헌정보학 전반에 걸친 연구 및 교류를 통하여 학문 발전에 이바지함
을 주목적으로 한다. 이를 위하여 매년 일정한 전문주제를 기획하여 이와 관련된 논문을 엄선하여 발
간하고 있다. 2000년부터는 한국연구재단의 평가제도에 부응하여 좀 더 우수한 연구논문을 엄격한 심
사과정을 거쳐 연 4회씩 발간하고 있으며, 앞으로도 기획된 전문주제를 계속 발굴, 수록할 예정이다.

한국서지학회

韓國書誌學會

서지학연구를 위하여 창립된 학술단체.

1947년 8월에 서지학연구 및 도서관학에 관한 연
구를 위하여 위원제도로 발족하였다. 설립 당시는
'한국서지학회'라 하였으나, 1968년 5월 '한국서지연

구회'로 명칭을 변경하였으며, 1970년 5월 다시 설립 당시의 명칭인 '한국서지학회'로 바뀌었다. 설립된
뒤 한두 차례의 전시회와 연구발표강연회가 있었을 뿐 괄목할만한 성과를 거두지 못하던 중 6·25전쟁으
로 인하여 유명무실하게 되었다. 1959년 10월 국립도서관장실에서 다시 발기인 총회를 열고 재결성하였
다. 재출발하면서 학회지『서지 書誌』제1권 1호를 1960년 2월에 발행하고, 2호를 같은 해 8월에, 제2권 1
호를 1961년 10월에 발행하였다. 1968년 9월『서지학』창간호가 발행된 뒤 매년 1회씩 발행하여 1974년
제6호까지 발행되었다. 여러 차례 중단의 어려움을 겪으면서도 꾸준히 그 맥을 이어오면서 한국 서지학
연구의 기틀을 마련하였고 서지학회는 1985년에 창립하여 면면히 활동해 오면서 등재 학술지를 발간하
는 등 학문적 토대를 완성하였다. 국내 관련 학회와의 유대와 더불어 학회 회원 간의 협력 증진을 통하여
전문학술단체로서 역할을 해나가고 있다.

사서 관련 도서

관련 도서

도서관의 삶, 책들의 운명 (수전 올리언 저/ 글항아리)

1986년 4월 29일 아침, 로스앤젤레스 공공도서관에서 화재경보가 울렸다. 놀라서 소지품을 챙기고 허둥지둥 뛰쳐나오는 사람은 한 명도 없었다. 당시 안에 있던 400여 명의 사서와 이용객들은 '또 시끄럽게 울리네'라며 귀찮아하는 기색이었다. 어차피 다시 들어올 거니 소지품도 그대로 둔 채 나갔고, 도서관은 8분 만에 비워졌다. 다들 밖에서 다시 들어가기만 기다리고 있었다. 하지만 성냥 하나에서 시작됐을지 모르는 이 대화재는 소방관들조차 대수롭지 않게 여기는 틈을 타 전력 질주하기 시작했고, 그 결과 40만 권의 책을 한 줌의 재로 남겼으며, 70만 권의 책을 훼손시켰다. 그곳에 남겨진 것은 비통함과 재 냄새뿐이었다.

역대 최대 공공도서관 화재 사건인 이 일은 그러나 신문과 방송에서 다뤄지지 않았고, 책 애호가들조차 이런 일을 모른 채 지나갔다. 책 애호가 수전 올리언은 사건 발생으로부터 30년 뒤 이 일을 파헤치기 시작한다. 누군가 일부러 도서관에 불을 지른 걸까? 그는 과연 누구일까? 수전은 도서관과 사서들의 이야기를 지금껏 누구도 하지 않은 방식으로 풀어낸다. 도서관의 연대기와 화재, 그 여파가 기록되는 가운데 독자들은 진화하는 유기체로서의 도서관을 만날 수 있다. 그리고 그 과정에서 무덤으로 들어간 사서들과 현재 로스앤젤레스 공공도서관을 지키고 있는 사서들, 수많은 이용객이 우리에게 책과 도서관에 얽힌 삶을 들려준다. 위트와 통찰력, 연민에 바탕을 둔 심도 있는 조사력으로 이 책은 도서관이 왜 우리 마음과 정신, 영혼의 본질적 부분으로 남았는지 입증할 것이다.

우리가 몰랐던 세상의 도서관들 (조금주 저/ 나무연필)

　세상의 다양한 지식과 정보가 갈무리되어 있는 책의 집, 도서관. 전 세계의 도서관들은 지금 어떻게 운영되고 있으며, 어떤 콘셉트로 이용자를 만나고 있을까. 유럽, 미국, 아시아 등 총 14개국 48개 도서관을 찾아가 그 생생한 현장을 살펴보고 기록한 작업이다.

　가장 먼저 소개하는 것은, 현재를 바탕으로 하되 미래를 준비하며 펼쳐가는 도서관의 실험과 모험이다. '메이커스페이스(makerspace)' '미디어 스페이스(media space)' 등은 시대에 따라 변해가는 이용자를 끌어들이면서 지식정보 사회에 대응하고 있는 해외 도서관들의 새로운 시도다. 이용자의 성장과 교육을 지원하며 자료를 갈무리하고 보존하는 전통적인 도서관의 역할을 어떻게 수행하고 있는지도 담았다. 책에 수록된 세계 각국 도서관 이야기 속에는 이용자들이 책에 좀더 가까이 다가갈 수 있도록 애쓰는 이들의 깊은 고민이 들어 있다. 책을 매개로 이용자와 소통하는 사서뿐만 아니라 책을 만들고 파는 이들에게도 유용한 정보다. 총 200여 컷의 컬러 도판과 함께 책을 읽어가다 보면, 마치 도서관의 구석구석을 실제로 들여다보는 듯하다.

공공도서관 문 앞의 야만인들 (애드 디 앤절로 저/ 일월서각)

　공공도서관으로 대표되는 시민사회의 민주적 공공재가 처한 위협에 대한 날카로운 분석. 『공공도서관 문 앞의 야만인들』은 도서관학(문헌정보학)을 비롯하여 공학, 철학 등의 다양한 학문 분야에서 학위를 지닌 에드 디 앤절로가 민주주의의 발달과 시민사회의 형성에 큰 역할을 했으며, 민주적 가치를 옹호하고 공익에 이바지하는 것을 목적으로 하는 공공도서관이 맞닥뜨린 현대 사회의 위기를 냉철하게 분석한 책이다.

　저자의 다양한 학문 배경에 걸맞게 철학적, 사회인식적, 역사적 통찰을 바탕으로 인위적으로 부추겨진 소비문화로 상징되는 포스트모던 소비자 자본주의가 어떻게 민주주의를 위협하고, 시민사회를 붕괴했으며, 그러한 가운데 공공도서관이 예전의 가치와 지위를 상실하고 대규모 자본에 의한 체인형 서점처럼 효율성과 능률의 잣대에 따라 기계적인 업무만을 수행하는 단순한 조직으로 전락하도록 강요되고 있는지를 보여준다. 또 독자들에게 문화적 세계가 자본과 기업에 의해 붕괴해가는 과정에 관한 사례를 통해 공공도서관의 몰락이 왜 민주주의와 시민사회에 위협이 되는가를, 그리고 이러한 야만의 습격이 얼마나 우리 곁에 가까이 와 있는가를 생각하게 해준다.

밤의 도서관 (알베르토 망구엘 저/ 세종)

언어의 파수꾼이자 책의 수호자라 불리는 알베트로 망구엘은 프랑스의 작은 집에 자신만의 도서관을 꾸린다. 그러면서 그는 세상에 존재했던, 그리고 존재하는, 또 앞으로 존재할지도 모르는 모든 도서관에 대한 사색에 잠기게 된다. '빼곡히 들어선 책장들 사이로 숨겨진 이야기들은 무엇일까? 세상에는 어떤 도서관들이 존재했고, 어떤 이유로 사라졌을까? 그리고 그런 도서관을 사랑했던 사람들은 어떤 사람들이었을까?' 이 책은 이러한 물음을 가지고 책과 영혼이 만나는 공간의 다양한 모습을 추적해나간다.

신화, 정리, 공간, 힘, 그림자, 형상, 우연, 일터, 정신, 섬, 생존, 망각, 상상, 정체성, 집이라는 열다섯 가지의 주제를 통해 그는 도서관에 대한 역사와 일화를 낭만적으로 풀어나간다. 그 속에는 어린 시절 방에 놓여 있던 책꽂이에서부터 무성한 소문만을 남기고 불타 없어져 버린 고대 알렉산드리아 도서관과 200년간의 고민 끝에 설계된 프랑스 국립 도서관 등의 공공도서관을 비롯해 상인과 순례자들이 남긴 책들로 탄생한 싱게티의 도서관, 주제명도 철자순도 아닌 자신만의 세계관으로 책을 정리한 아비 비르부르크의 도서관, 찰스 디킨스와 호르헤 루이스 보르헤스 등 저명한 작가의 개인 도서관 등 흥미로운 이야기가 담긴 다양한 도서관이 펼쳐진다.

도서관, 세상을 바꾸는 힘 (로널드 B. 맥케이브 저/ 이채)

도서관과 사서의 위기 극복을 위한 철학적 고민을 담은 〈도서관, 세상을 바꾸는 힘〉. 변화하는 사회에서 "미래의 사서의 역할은 무엇인가"에 대한 철학적 고민을 '시민사서'라는 응축된 개념으로 정리한 책이다. 도서관의 미래에 대한 새로운 전망을 제시하면서, 민주주의 사회를 위해 교육을 제공한다는 전통적인 공공도서관의 임무를 재확인하고 있다.

저자는 미국의 공공도서관이 시대에 맞는 새로운 사회적 역할을 수행하기 위해서는 도서관 운영자인 사서들이 '시민사서'가 되어야 한다고 주장한다. 미국 공공도서관의 역사를 짚어가면서 오늘날 미국 사회에서의 새로운 공공도서관과 사서의 모습을 구체적으로 제시하고 있어, 아직 공공도서관의 정체성을 제대로 구축하지 못한 우리에게 논쟁의 지점을 던지는 책이다.

도서관의 가치와 사서직의 의미 (Michael Gorman 저/ 태일사)

『도서관의 가치와 사서직의 의미』는 "도서관의 가치와 사서직의 의미"를 역사적 관점과 사회적 맥락에서 설명하고 있다. 『도서관의 가치와 사서직의 의미』에 담긴 진솔한 메시지는 도서관과 사서의 가치에 대한 기본적인 이해조차 부족한 가운데 디지털에 함몰되어 가는 한국의 도서관계(圖書館界)에 더욱 절실하게 다가온다. 특히, 이 책의 내용은 민주주의와 지적 자유의 수호자로서 그리고 인류의 지적 유산의 관리자요 전달자로서 사서의 존재가 얼마나 소중한지를 뼛속 깊이 느끼게 한다. 주지하다시피, 도서관을 단순한 시설 정도로 치부하면서 사서직을 기능직으로 여기는 도서관 내외의 적들이 나날이 늘고 있다. 특히, 정보기술 맹신자들 사이에서 그러한 주장은 더욱 기승을 부리고 있다. 그런 가운데 사서직의 전문성을 강화하고 전문직으로서의 위상을 정립하고자 하는 소수의 노력은 점차 힘을 잃어가는 느낌이다. 철학이 부족하고 가치에 무지하기에 스스로 체념하고 타의에 추수하는 현장 사서들이 계속해서 늘어난다면, 우리 도서관계와 사서직에 미래는 없다. 도서관의 "참" 의미를 마음에 품고 사서로서의 가치를 우리 스스로 확신하게 될 때, 우리 사회의 도서관과 사서에 대한 "왜곡된" 인식을 바로 잡을 수 있다.

세계 도서관 기행 (유종필 저/ 웅진지식하우스)

과거 국회도서관장을 지냈고, 현재 서울의 한 지방자치단체장으로 있으면서 도서관 문화 사업에 매진 중인 저자가 전 세계 유수의 도서관에서 세계의 지성과 호흡하며 보고 듣고 느낀 경험을 생생한 컬러 사진과 함께 엮은 책이다. 특히 이번 개정판에서는 혁명의 땅 쿠바에서 만난 카스트로의 도서관과 교육 강국 덴마크의 왕립도서관, 알프스가 품은 세계에서 가장 경이로운 수도원 도서관이 추가되어 여행의 감동과 사색의 깊이를 더했다.

도서관은 학문과 지혜의 수도요, 새로운 사상과 지식의 요람이다. 또한 각 나라의 역사와 문화가 새겨진 지식의 나이테인 동시에, 지식과 정보의 유비쿼터스가 만들어 나갈 첨단의 미래다. 도서관 마니아이자 한 사람의 탐독가로서 세계의 도서관을 누빈 저자와 함께 책이 만든 아름다운 공간 속 위대한 지식과 통찰의 세계를 지금 만나보자.

아무도 알려주지 않은 도서관 사서 실무 (강민선 저/ 임시제본소)

2014년 1월 서울의 한 구립도서관에 입사한 글쓴이가 현장에서 겪은 일들을 르포르타주 형식으로 쓴 도서관 이야기이다. 면접과 첫 출근, 도서관 적응기를 지나 5년 차 사서가 되어가는 동안 도서관에서 겪은 크고 작은 일들을 시간순으로 적어 나갔다. 이 책은 노동에 대한 에세이이기도 하고, 부당함에 대한 고발문이기도 하며, 직업인으로서의 사서에 관한 이야기이기도 하지만 무엇보다 글 쓰는 사람으로 살아가면서 스스로 책을 만들기까지의 과정을 그린 선택과 성장에 관한 이야기이다.

사서가 말하는 사서 (이덕주, 이용훈, 김은미, 박완, 김수정, 이지선, 송영희, 윤지현, 김희정, 신정아, 장금연, 김휘출, 강미경, 임근혜, 노경란, 이재준, 이지영, 배경재, 이정수, 임미경, 장선화 저/ 부키)

진로를 고민하는 청소년들을 위해 21명의 사서가 힘을 합쳐 자신이 하는 일에 대해 진솔하고 자세하게 설명하였다. 막연히 책만 많이 읽고 한가로운 직업이라고 생각했었다면, 이 책을 통해 그 생각이 완전히 바뀔 것이다. 새 책을 정리해 데이터베이스에 입력하고, 먼지를 들이마시며 깔끔하게 서고를 정리하며, 또 다양한 분야를 아우르는 지식과 정보를 습득해야 한다. 이처럼 육체적인 노동이 수반되는 고된 업무이지만, 여러 사람에게 필요한 정보와 자료를 제공하고 문제 해결을 도와주는 과정에서 느끼는 감동과 보람은 이루 말할 수 없다고 한다.

『사서가 말하는 사서』는 알찬 사서 생활 보고서로 보아도 무방하며 어린이도서관 사서부터 중·고등학교도서관, 대학도서관, 국립중앙도서관 사서를 비롯해 기업, 방송사, 인터넷 포털, 연구소 등 다양한 분야에서 활동하는 사서들의 일과 생활을 생생하게 담았다. 사서로서 경험을 쌓고 역량을 키워, 더욱 넓은 분야로 진출한 2급 국가공무원, 연구원, 교수, 미국 도서관 사서들로부터 성공적인 조언과 노하우를 들을 수 있다. 특히 최근에 그 업무가 더욱 정교해지고, 고도화되어 전문적인 서비스가 요구되는 지금, 멀티플레이어로서 동시다발적 역할을 해내는 사서의 매력을 마음껏 체험해 볼 수 있을 것이다.

작은 도서관이 아름답다 (김소희 저/ 청어람미디어)

　10여 년 넘게 작은도서관을 만들고 운영해 온 현장활동가가 작은도서관 운영 원칙과 철학은 물론 작은도서관을 채우고 움직여나가는 사람들을 이야기한다. '큰도서관'은 아이들이 혼자 힘으로 찾기 어려웠다. 버스에서 내려 한참을 걸어 올라가야 하는 도서관은 어르신들이 이용하기 힘들었다. 아이와 함께 버스 타고, 지하철 타고 커다란 도서관을 찾아온 엄마들에게 도서관 가는 것은 그야말로 '일'이었다. 일부 수험생이나 학생들은 도서관을 취업 준비와 자기 학습에 몰두하는 '독서실'로 활용하기 바빴다. 이런 불편함과 지나친 정적을 극복하기 위해 생겨난 작은도서관은, 책장 넘기는 소리마저 조심스럽게 조용히 앉아 숨죽이며 책만 보는 도서관, 자기가 공부할 참고서를 가방에 가득 넣어 새벽같이 달려가 옆 사람과 말 한 마디 안 하고 공부만 하다 돌아오는 도서관, 큰 맘 먹고 등산하듯 올라가야 하는 덩치만 '큰' 도서관이 아니다. 집에서 10분 거리에 위치하고 있어서 아이들이 혼자 걸어가 뒹굴며 누워서 책을 볼 수 있고, 편한 옷차림으로 친구 집에 놀러가듯 금방 갈 수 있는 곳, 책을 만나고 사람을 만나 책을 이야기하고 삶을 나누는 곳이길 꿈꾸는 곳이다.

　이 책은 먼저 작은 도서관의 조직과 구성원을 여러 층위에서 살펴보며 지역주민과 자원봉사자들을 주축으로 어떻게 원활하게 운영할 수 있는가를 소개한다. 도서관이라는 역할에 충실하기 위해 좋은 책을 어떻게 고를 것인지 도서 자료 선정을 위해 필요한 기준, 도서 자료의 추천과 활용, 작은 도서관이 가지고 있는 자료들의 관리법까지 한눈에 알 수 있도록 정리했다.